海外のいろんな
ソン
走ってみた！

りんみゆき

彩図社

スパルタンレース【香港】

距離5kmながら次々と現れる障害物。壁を越え、泥にまみれ、ゴールを目指す

①スパルタンレース「スーパー」カテゴリーの参加者。筋骨隆々の肉体美

②身長よりも高い壁をいくつも越えていく

③レースも終盤、力が入らなくなる頃に現れるうんてい

④赤いロープに括られた黒い重りを持ち上げる。なかなかの難敵だった

⑤クライマックスのジャングルピラミッド

⑥ご褒美ビールと完走メダル

ホーチミン市マラソン【ベトナム】

1月のホーチミン市街地を走るフルマラソン。暑さとの勝負

①スタートラインに立つ。風船はペースメーカーの目印

②夜が明けたホーチミン市街地

③ゴールライン。すっかり日が昇り気温も高くなった

④ゴール後に休むランナーたち

⑤観光で訪れたクチの抜け穴

⑥完走メダル

万里の長城マラソン【中国】

有名な世界遺産を走るフルマラソン。アップダウンと約5000段の石段が難敵

①スタート兼ゴール地点の陰陽広場　②コース上にある村の人たちが応援してくれる　③ゴールライン　④完走メダル

シドニーマラソン【オーストラリア】

日本からの参加者も多いフルマラソン。シドニーの名所と街並みを走る

①スタートエリア。ハーバーブリッジと、左奥にゴールのオペラハウス　②スタート直後に早速橋を渡る　③ゴール地点のオペラハウス　④完走メダル

スターウォーズラン【シンガポール】

「May the 4th」にちなんで開催されたファンラン

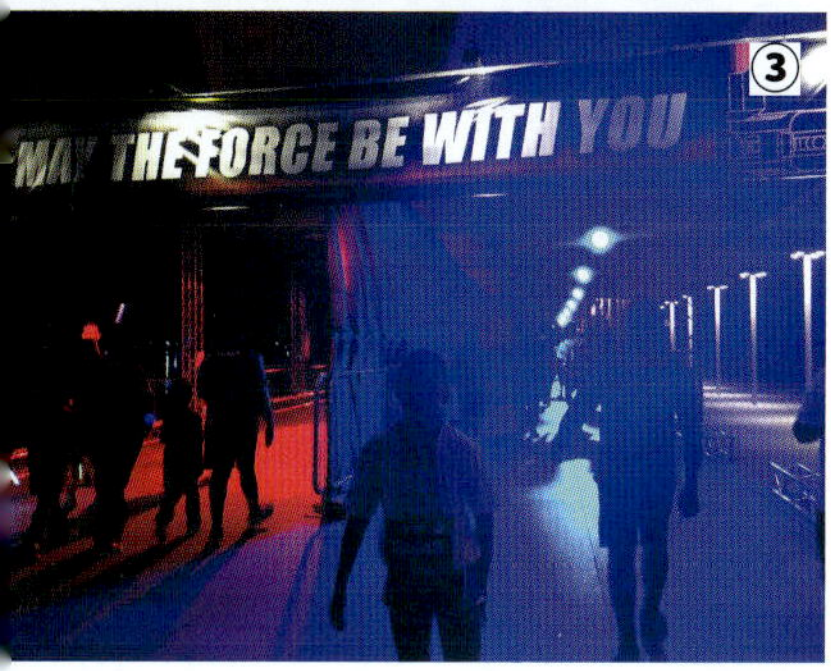

①ダース・ベイダーのコスプレをしたランナー　②ライトサイドとダークサイドに分かれたスタートゲート　③ゴール近くにはあの名言が　④完走メダル

キナバル山クライマソン【マレーシア】

標高4095メートルを駆け上るスカイランニング。著者の初参加レース

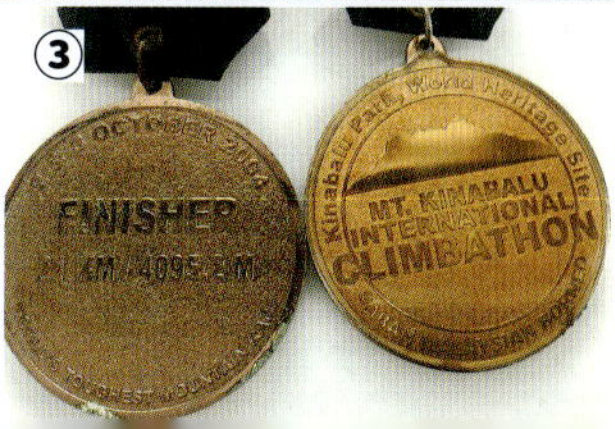

①スタート直前。悪天候で気温が低く、大変なレースになった　②レース翌日の天候が回復したキナバル山　③完走メダル

マルチデイウルトラマラソン【ネパール】

ネパールの山中60kmを3日間で走破するトレイルランニング

①②現地の村がチェックポイント。補給用果物がたくさん　③現地の子どもたち　④山中で旗がはためく　⑤レース中の著者（提供：アクションアジア）　⑥道中でヤギの群れに遭遇　⑦コース上の景色

⑧見晴台からの最高の眺め　⑨最終日、朝焼けとともに出発　⑩完走メダル

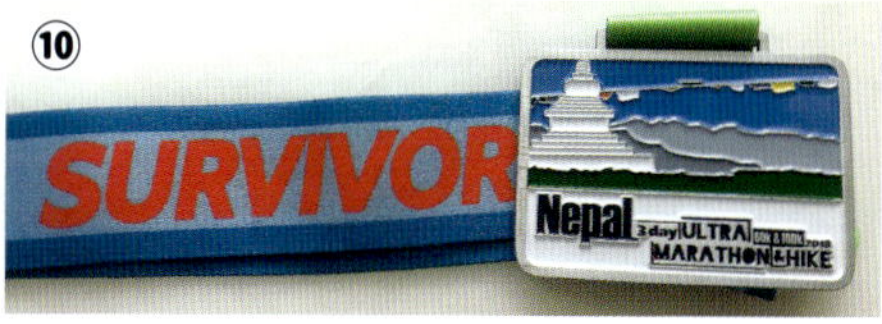

ホノルルマラソン【ハワイ】

もはや説明不要の人気フルマラソン

①受付。レーススタート時にかなり天気が悪かったため、カメラを持たずスタートしてしまった……。　②完走メダル

アンコールワット国際ハーフマラソン【カンボジア】

世界遺産アンコールワット遺跡の中を走るハーフマラソン

①夜明け前のスタート　②「勝利の門」を通る　③ハイタッチをしてくれる子どもたち　④完走メダル

プーケット国際マラソン【タイ】

タイのリゾート地を走る、ファミリーで楽しめる大会

①閑散としたスタートゲート

②タイマッサージのテント

③キッズランのスタート前

④５年分の完走メダル

海外のいろんなマラソン走ってみた！

りんみゆき

[redacted]

彩図社

はじめに

「マラソンなんてツラくて大変そう〜！」とか「そんなの絶対無理〜」と以前は思っていた。その魅力にどっぷりハマってしまうまでは！　私が走り始めたきっかけは、長男を出産した後のことである。体型が早く元に戻るようにという切実な願いと、育児ストレスの解消にと三輪バギーを押しながら、とりあえず走ってみた。基本的にぐうたら人間なので目標がないとモチベーションがわかないため、近場の距離の短いレースに参加するようになった。そうしたら見事にランニングレースにハマってしまい、同時に旅行好きの血も騒ぎ出し、走って観光できる旅ランの楽しさに一気に目覚めた。

マラソンというと42・195キロを走るフルマラソンの永遠に終わらなさそうなイメージがあるけれど、半分の距離のハーフマラソンや10キロラン、5キロラン、もっと短い距離を走るキッズランやファンランなど、誰でも気軽に参加できるランがあるということも知った。自分の限界にチャレンジしたいときは、山を駆けのぼるクライマソンや数日間のトレイルランニングなどがあるということも。海外の旅ランはその土地の人々の親切さや人間味に直接ふれることができて、一体感が湧き感動が溢れるものだ。人種が違っても、話す言葉が違っても、一生懸命にゴールに向かって走るランナーを応援してくれる姿は世界どこでも共通している。

一昨年、人生初の全身麻酔の手術を受けた後、しばらく体が思うように動かない経験をして、健康であることの有難さ、走ることができる喜びを実感した。体が健康でないと、心も元気がなくなることも感じた。「走る」というのはランニングシューズさえあれば、誰でも、いつでも、どこでもできる一番簡単な健康維持法といえる。距離も時間も目的も自分で設定できて、前を向きポジティブ思考にもなると思う。その時の自分の気持ち次第でがんばってみてもいいし、別にがんばらなくてもいい。

この本を手に取ってくださったまだランナーでない読者のみなさんが「ちょっと走ってみるのもいいかも」と思ってみたり、国内ランナーさんが「海外で走ってみるのもおもしろそうだな」と思うきっかけ作りになったらうれしいと思い、ランだけでなくご当地グルメや観光なども紹介した。いろんな国のランナーと肩を並べてスタートラインに立つ興奮は、一度体験したら必ず病みつきになるはずだ。

みなさんも一緒に走ってみませんか？　Let's Run! :)

海外のいろんなマラソン走ってみた!

目次

START
GO! GO!

はじめに・2

Entry No.1
【香港】スパルタンレース
開催地…香港・新界地区／5km障害物レース
参加年…2017年
11

Entry No.2
【ベトナム】ホーチミン市マラソン
開催地…ベトナム・ホーチミン／42・195km
参加年…2019年1月
33

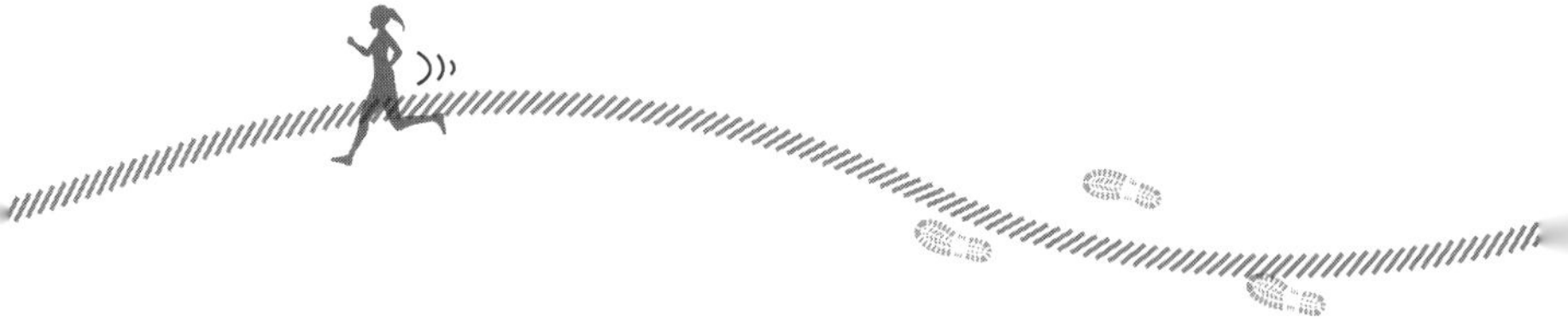

Entry No.3
【中国】万里の長城マラソン
開催地…中国・天津郊外／42・195km
参加年…2006年5月
55

Entry No.4
【マレーシア】キナバル山クライマソン
開催地…マレーシア・サバ州／21km
参加年…2004年10月
75

Entry No.5
【シンガポール】スターウォーズラン
開催地…シンガポール／4・5km
参加年…2017年5月
97

Entry No.6
【オーストラリア】シドニーマラソン大会
開催地…オーストラリア・シドニー／42・195km
参加年…2018年9月
115

Entry No.7
【ネパール】マルチデイウルトラマラソン
開催地…ネパール・ベシサハール／60km
参加年…2018年11月
137

Entry No.8
【ハワイ】ホノルルマラソン
開催地…アメリカ・ハワイ州／42・195km
参加年…2007年12月
173

FINISH
I made it!

Entry No.9
【タイ】プーケット国際マラソン
開催地…タイ・プーケット／42・195km
参加年…2008～2012年
189

Entry No.10
【カンボジア】アンコールワット国際ハーフマラソン
開催地…カンボジア・シェムリアップ／21・0975km
参加年…2016年12月
205

おわりに・222

本書に登場する人たち

りん みゆき
（著者）

香港を拠点にして世界中を走るトラベルランナー。ゆるめの体育会系。

カート
（夫）

自然をこよなく愛するニュージーランド人。趣味はアドベンチャーレース。

タイキ
（息子）

4歳で参加したプーケットのキッズランでマラソンデビュー。

キミ
（娘）

走って泳ぐのが大好きな、アクティブな中学生。

Entry No.1

香港

スパルタンレース

開催地：香港・新界地区

参加年：2017 年

参加距離：5km 障害物レース

【公式HP】https://www.spartanrace.hk/en

ある金曜日の夜、気の合うママ友たちとの女子会でフレンチワインを片手に気分よくおしゃべりしていた時のことである。

「スパルタンレースに一緒に出てみない？」

その中の1人に誘われて、初めてそのレースの存在を知った。

……スパルタンって、古代ギリシャのあの厳格なスパルタ教育で育った人のこと？　そのレースって⁇　名前だけではいったいどんな内容なのか、想像もつかなかった。

帰宅後、彼女が送ってくれた公式ウェブサイトのリンクを開いてみると、怖そうな鉄のマスクのロゴがまず目に飛び込んできて、火の上を跳んでいる人や有刺鉄線の下を泥んこになって這っている人の画像がある。これは何かのお仕置きなのか、私は怪しい世界に間違えて入ってしまったのかと思ったほど、さわやかなスポーツという印象とはかけ離れたウェブサイトだった。

しかし、そこにある写真や動画を見てレースのことを知るにつれ、熱を帯びた雰囲気に吸い込まれ、少しずつ興奮してきた。公式サイトによると、スパルタンレースとは自分の肉体にチャレンジするレースであり、世界各地25カ所で年間240回以上開催されている。レースにはスーパー、スプリント、キッズと3種類あり、それぞれコースの長さや障害物の数が違う。

最もタフな「スーパー」は距離が13キロ以上、障害物は24個以上あり、一番速い〝スパルタン〟でも80分はかかる。私が参加することにした「スプリント」の距離は5キロ、障害物の数は20以上で早いスパルタンは40分で走り終えるものだ。「キッズ」レースは距離が2キロで11～13歳の部はタイムを競うこともできる。距離だけみると一見余裕そうだが、この距離を走るわけではなく、物を担いだり地面を這ったり障害物を越えたりするらしい。

ウェブサイトのエントリーページにはハッシュタグ「No excuses（言い訳はするな）」なんてあるものだから、「そうよ、今しなかったらいつするの」とすっかり洗脳されてしまった。ゆるいながらも体育会系を自負する私は、こういう「自分の限界に挑戦して超えてみろよ」系のコンテンツにすごく弱い。さらに「世界最高峰」の障害物レースでもあるようで、そういう世界一系にも弱い。

気付けば「よっしゃ！　やったるわ！」と画面の前で拳を握っている自分がいた。それは誰もいない部屋での真夜中すぎのできごとだった。

翌朝さっそく、夫にスパルタンレースの話をしてみた。

「やるやる、絶対にやる！」

起きたばかりとは思えないほどテンションマックスになり、大声をだして大興奮である。夫のカートは、もはや体育会系を通りこして、寝ずに700キロレースなどをやってのけてしまうクレイジーなアドベンチャーレーサーなのだった。妻と一緒に仲良く、なんてことは一切考えておらず、気が付けば早々と自分だけ「スーパー」の、しかもタイムを競う「エリート」カテゴリーにエントリーしている。

これは我が家の暗黙のルールだ。参加して完走することに意義があると考えるお気楽ランナーの私と、勝たないレースは参加する意味がないと考える熱血ランナーの夫は明らかに温度差がある。以前一度だけ一緒にミックスチームになって出場したトレイルランでは危うく離婚しそうになったという苦い経験を生かした教訓なのだ。馬車馬のように後ろからのプレッシャーを感じながら全速力で走らされ、ギリギリ3位のトロフィーを手にすることができ離婚は何とか免れたが、今後一生この人と一緒にレースに参加するのはやめようとお互いに思った瞬間だった。それ以来、同じレースに参加しても家族円満を保つために、一緒に走ることはない。

さて、自分もエントリーをしようとしたところ、一緒にしようと誘った言い出しっぺの友人は日程があわないとかで不参加だという。だからといって、すでにその気になった私にやらないという選択肢はない。私は完走できれば万々歳だから、タイムを競わなくていい「オープン」カテゴリーの「スプリント」コースに申込みをした。

レース当日の朝は、私はガッツリ梅干しごはんを食べる。地元である香港のレースだと家で食事ができるから、自分にあったパワーフードを食べられるのがうれしい。梅干しは割高だが香港のスーパーで購入した南紀紅梅で、オーストラリア産のお米で炊いたご飯にのせていただく。夫は鳥のエサのようないろいろな種や、体によさそうなナッツ類などが入ったムーズリーを食べ、ちびっこスパルタンに出場する息子のタイキは、ニュージーランドのラグビー選手も食べているという麦でできたウィートビックスを食べる。おのおのがレース前の食事をすませ、皆ハッピーでいざ出陣。

レース会場は香港と中国との境界に近い、新界地区にあるカムティンカントリークラブだ。香港にこんなところがあるのかと思うくらい緑が広がる、のどかな場所である。いい場所なのだが不便なところにあるので、家からタクシーで行く。香港というと絵葉書の摩天楼のイメージがありコンクリートジャングルだと思われがちだが、実は総面積の約40%が郊野公園

（カントリー・パーク）などに指定されている、緑豊かな都会なのだ。香港には「4大トレイル」と称されるハイキングトレイルがあり、それ以外にも各所でハイキングやトレランが盛んに行われている。

会場の駐車場に到着し、まずゼッケンやその他のグッズをピックアップする。香港で開催される多くのレースは前日や前の週に、指定された場所でゼッケンなどを受け取る必要があり、何かと大変である。遠方から参加する人はなおさらだろうが、地元の人間にとっても当日ピックアップの制度はありがたい。場所が街中から離れているため車で来る人も多く、駐車場は混みあっていたが係の人がうまく誘導していた。駐車場を利用する場合は事前申請が必要とのことなのでだいたいの数は把握しているのだろう。香港在住20年以上になるが、このエリアに足を踏み入れたのは初めてのことで、小旅行気分でテンションがあがる。レースイベントの多くは普段訪れないようなところだから、レースに参加することで香港を再発見できるのもいい。

駐車場から幾度か角を曲がり、子ども用の遊び場などを過ぎ、10分くらい歩くと受付場所にたどり着く。自分が申し込んだカテゴリーのところに行って名前を言うと、番号が書かれたヘッドバンドとリストバンドが入った封筒を渡される。キッズレースに申し込んだ息子は、なぜかすでにフィニッシャーズTシャツも持っている。私の手元にはないのでもらい忘れかと思いデスクに戻ったら、大人はフィニッシュした時に初めて手にできるそうだ。私は簡単に手にすることはできないレアものにも弱い。またまた気合が入り、絶対に完走して、Tシャツをもらってやるという物欲がでてきた。さっそくヘッドバンドを頭につけ、タイムチップが入っているリストバンドを手首につけてみると、もっと気合が入ってきた。ヘッドバンドやリストバンドは、安全面を考慮したデザインというだけで主催者側にそんな意図はないだろうけど、私には形から入ってその気にさせるという効果バッチリだ。

スタートエリアの手前にはレースに参加しない人でも入れるフェスティバルエリアがあり、その入り口にレースの最後のチャレンジである三角ジャングルが、ピラミッドのようにドーンと構えている。スパルタンたちはこのピラミッドの外側を手足を使って登り、その様子を観客はピラミッドをくぐって内側から観賞できるという仕組みになっているのだ。ピラミッドをくぐってフェスティバルエリアへと進むと、そこにはロープ登りのロープや鉄玉など実際レース中に登場するアイテムが置いてあり、あらかじめ練習することもできる。しかし、学生の頃から予習というものに興味がなかった私が気になったのは、そのようなアイテ

「スーパー」の参加者たちがスタートする。筋骨隆々の肉体美だ

ムを試してみることよりも傍らにあるビールのテントだ。香港製造のサンミゲルの生ビールを売っているではないか。完走後の最初のひとくちはさぞかしおいしいだろうと想像し、ゴクリと唾をのむ。そしてこのビールを夢見てがんばろうと決心した。

　朝一にスタートするのはタフな「スーパー」スパルタンレースだ。スタートラインに並ぶスパルタンたちは上半身裸の人も多く、ギリシャ神話の神々の彫刻のような美しい肉体をしている。当然のようにお腹はシックスパックに割れ、腕も足も芸術作品のようだ。このレースに参加する夫を応援するふりをして、この美しい人たちに目が釘付けになった。早起きは三文の徳だというが、昔の人が言うことはいつだって正しい。

　私が参加する「スプリント」まで時間があったので、先ほどスルーしたフェスティバルエリアに戻って時間をつぶすことにする。ステージの上でウォームアップ運動をしているエアロビインストラクターと一緒に足や手を動かしてみたら、ウォームアップのつもりが、難易度が高く汗がダクダクでてきた。こんなところで体力を消耗している場合ではないと感じ、すぐにやめて座った。周りを見ると汗をかいている人は誰もいない。こんなに疲れるウォームアップをいとも簡単にこなしてしまうスパルタンとは一体どんな人たちなのだろうと、少し緊張してきた。

午前8時15分、私のスタートタイムが近づいてきた。「スプリント」のオープンカテゴリーは15分おきにスタートする。それほど広いスタートエリアではないので、30人くらいでいっぱいになってしまう。スプリントの参加者は洋服着用、恰好もいたって普通のスポーツウェア、体型も神々というよりは私に近い一般人なので少し安心した。コットンは水を吸うので避けましょう、という注意書きがあったからかドライフィットを着ている人が多い。最前列に並ぶほど自信はないから、控えめに2列目に並ぶ。スプリントは友人同士やチームで参加している人が半分くらいいて、一人参加の私は孤独を感じないよう、MCのロングヘアのお兄ちゃんの問いにいちいち反応していた。

「"Spartans, what is your profession?" とボクが聞いたら、スパルタンのみんなは"Aroo! Aroo! Aroo!" と答えるんだよ」という指示がとぶ。全然質問と回答になっていないハチャメ

「スプリント」のオープンカテゴリー参加者たち。
神々ではなく“一般人”に近くて安心した

チャなフレーズを、大声で叫ぶ人たち。それでも「声が小さい‼」と何度もリピートさせられる。後で知ったが、これは『The 300 Spartans（スパルタ総攻撃）』という映画のワンシーンのようだ。「レースが終わった時の自分は、今の自分とは全く別の人間になっている。この日のためにみんな鍛えてきた。みんな覚悟はいいか！」

ＭＣはそう言ってさらに場を盛り上げる。カウントダウンをするとスパルタンたちは「ウォー‼」と叫びながら究極のハイ状態、トランス状態で何かにとりつかれたかのように走り出していった。いよいよレースのはじまりだ。

最初のうちは私の背より低い壁をいくつか乗り越えていく程度のチャレンジだったので、何とかなるかと思ったら大間違いだった。壁の高さはどんどん高くなっていき、ようやく越えたと思ったら新たな難関が次々と現れる。

はじめに現れたのは、鉄球を抱えて10メートルくらい離れたところへ持って行き、また戻ってくるというチャレンジだった。しかし、鉄球を持ちあげることすらできない。どうしたものかと考えていると、女性は赤い玉だと他のスパルタンが教えてくれた。少し軽く感じたが、やはり重い。

他の人はどうやっているのか見ると、まずは鉄球の前で両ひざをつき、玉をうまく太ももに転がしてのせ、お腹に力を入れてそれを抱え、ひざを曲げたまま歩いている。同じ方法を真似してみたら、1歩だけ歩けた。おろしてのせて1歩進んで、と何度もくり返していると折り返し地点にたどり着くことができた。ホッとして気を一瞬でも抜いたのがよくなかったのかもしれない。足腰がへなへなで再び鉄球を動かすことはできず、バーピーエリアでバーピーを30回やるハメになった。チャレンジがクリアできないと、代わりにバーピーをすると次に進むことができるというルールがある。バーピーとはスクワット、腕立て伏せ、ジャンプの動作を繰り返す、筋トレなどでよく使われるエクササイズのこと。きちんと行うとかなりハードだが、そこにいるスタッフはあまり見ていないので、みんな自己流にエクササイズをして自己流に数を数えているようだ。オープンカテゴリーはタイムを競うわけでもなく、

鉄球を抱え、ポール間を往復するチャレンジ。
クリアできないとバーピー30回が課される

自分への挑戦だからそのへんは自分で決めてね、という感じなのだろう。お初のバーピーでまだ体力と気力の余裕もあり、自分との戦いモード全開だったから、時間をかけて丁寧に挑んだ。

　壁のぼりを何度か越え、感覚をつかめて来た時、リバース板に直面した。高さは私５人分ほどもあり、チームで参加している人は下から押したり壁の上から引っ張ってもらったりしてクリアしている。とりあえずやってみるかと壁をよじ登ろうとしていると、隣に壁からぶら下がって登ろうとあがいている20代くらいの女子がいた。壁の上では、彼らしき男性が手を引っ張っている。上と下でまるでリバースロミオとジュリエット。これは応援してあげなきゃとお節介おばちゃんになった私は、「あなたのお尻触るわよ」と痴漢宣言をし、彼女のお尻を押し上げた。軽い彼女はスッと上がっていき彼のもとへたどり着く。めでたしめでたし。

さて自分はどうしようかと考えていると、その彼女が戻ってきて私のお尻を押してくれる。壁の上では彼女のイケメンな彼が、ここにつかまって、とムキムキ筋肉の二の腕を出してくれた。なんて美しいカップルのなんて美しいスポーツマンシップだろう。

カップルと別れ、続いてのチャレンジに向かう。次の土壌運びは建築現場で働く労働者の気分になるものだった。バケツいっぱいに入れた土壌を担ぎ、丘をのぼる。男性は黒いバケツ、女性は赤いバケツと分けられて重さが違っていた。両手でバケツを抱っこする人、アフリカの水運びのように頭の上にのせる人など運び方は様々で、重すぎて途中で捨ててしまうのか、道端にはところどころ土壌の小さな山が積みあがっている。上り坂の途中で休憩していると横を通るさわやかな笑顔のおじさまに「You can do it!」と励ましの声をかけられ、「そうよ、できるわよ」と気合を入れ直し再びバケツを抱っこして歩き続けた。

そして、ついにこのスパルタンレースの売りのチャレンジが目の前に現れた！　レースのPR画像で見ていた以上に過酷な、泥んこ有刺鉄線くぐりチャレンジである。有刺鉄線にたどり着くにはまず、泥沼に入り、そこにある壁の下をくぐらないといけない。誰もが一瞬躊躇する、得体の知れないものが入っていてもおかしくない濁った沼。ここに全身入り、顔をつけて頭から潜らないと壁をくぐることはできないのだ。

立ち止まっていると、後ろからきたスパルタンが何の迷いもなく飛び込んだ。日常においてもそうだが、頭で考えすぎるとできなくなってしまうことがある。やると決めたなら、迷わずやろう。そう決断し、気がついたら全身泥に包まれ、沼から這い上がって有刺鉄線へと向かう自分がいた。泥のフィールドには一面有刺鉄線が張り巡り、その下を這いつくばる。少しでも体をあげようとすると鉄線にあたってしまうので、低姿勢でワニのように進む。まるで刑務所を脱走した囚人のような気分になったが、コツを覚えるとそう辛くもない。

隣にいた女子スパルタンは「全身泥パックして、レースの後は私たちビューティフルね！」なんて言っている。こんな状況の中でもユーモアを忘れない姿はなんてかっこいいんだろうか。さっきのさわやかなおじさまといい、美しいカップルといい、普段香港で生活をしているると我が強くてアグレッシブな人が多い印象だが、こういう非日常的なレースに参加するとみんなが同志になって励まし助け合えるのかもしれない。

それにしても、今までの人生でここまで泥まみれになった経験はなかった。山口県の片田舎で過ごした幼少時、雨上がりの後に水たまりで泥団子を作ったことはあるけれど、頭から泥をかぶった記憶はない。大人の泥遊びって、案外楽しいものだ。

感慨に浸るまもなく次のチャレンジが現れる。サンドバッグのロープ上げは簡単そうに見えたが、全身の体重をかけてロープを引っ張ってもサンドバッグはお情け程度しかあがらない。この時だけは、もう少し体重があったらよかったのにと思った。体にロープを巻き付けているスパルタンを見て、いいアイディアだと思い真似てみたが、一向にあがらない。バーピーをする覚悟を決めていたら横から女子スパルタンがきて「ワン、トゥー、スリー」の掛け声で一緒に引っ張ってくれた。サンドバッグはみるみるうちにてっぺんまで上がり、ミッション完了。その女性は同じチームのスパルタンたちと軽やかに去って行った。

サンドバッグのロープ上げチャレンジ。
すぐにクリアできるだろうと思っていたけれど……

次々に出てくる障害をクリアしながら進み、まるでゲームの中に入り込んだようである。あらかじめ見ておけるコースマップはないから、次は何があるのか想像もつかない。

次に出てきたチャレンジはずっ

しり重い槍投げで、チャンスは一度だけ。足を開き腰を落として下半身を安定させ、的めがけて投げた。標的のある遠くを確認していると、「ドテ」という鈍い音が目の前でした。形は完璧だったのに、全然飛ばないなんて納得がいかない。ずいぶん昔サマーキャンプでアーチェリーをした時にはうまくいったのに、という何十年前の自信があったので、スタッフと後ろで待っている人にお願いしてもう1回投げてみた。結果は1回目と同じ。再度チャンスをもらっても、できないものはできないただの迷惑おばちゃんは諦めてバーピーエリアに行った。

最初のうちは余裕でできた壁越えも、全身泥んこになった後は手も足も滑り、なかなかうまくのぼれない。それに手も足も疲れ切っていて力が入らない。なんとか両手を壁の上につかまることに成功して足をバタバタさせていると、後ろのお兄ちゃんが泥んこの靴底を持ちあげてくれた。その隣のおじさまは足首を持ちあげてくれている。さすがにお尻を触るわけにはいかないだろうけど、汚い靴を持ってくれるなんて優しいスパルタン。

あと3つくらいの障害物でゴール、という時に次の障害物の横で仁王立ちしている息子の姿が見えた。

「もっと早くしないと、僕のレース始まっちゃうよ！」

夫のDNAを見事に受け継いだ息子はタイムを競うキッズレースにエントリーしたため、スタート時間は午前10時。現在時刻は9時45分だという。レースをスタートしたのが午前8時15分だったから、1時間半以上この過酷な数々のチャレンジに耐えていたことになる。怒り気味の息子のためにも、もうひと踏ん張りだ。

つり輪のうんていチャレンジ。
泥にまみれ、疲労がたまった身体には過酷な試練だった

目の前にある輪のうんていをクリアしたら、あとは2つくらいのチャレンジでゴールにたどり着けるはず。輪に手が届かないので、箱の上に立ち、勢いよく手前の輪を握る。この調子だ、と次の輪を右手でつかもうとしたとき、泥だらけの手はズルリと滑り、胸からまっすぐ地面にバタンと落ちた。落ちた瞬間、近くで「Ouch!」という男性スパルタンの同情の声が聞こえた。数秒間息ができず、肋骨にヒビが入ったのではないか、胸がつぶれてしまったのではないかとドキドキした。息が吸えるようになると調子にのって吸いすぎて過呼吸にならない

ように、いつか産前クラスで習ったヒッヒッフーをして呼吸を整えた。スタッフの若い女の子は心配そうに駆けつけてきてくれたが、一部始終を動画撮影していた我が息子は大爆笑している。

「はやく30回バーピーしないと」

冷静にそう言い、バーピーエリアを指さす。今日はこれで何回目のバーピーだろう。10時前にゴールしないと、キッズレースのスタート時間に間に合わない。カバン預け代の20ドルをケチって息子がカバンの番をしているだけではなく、13歳以下はレースの際に保護者の付き添いが必要なのである。

子どものためならエンヤコラと自分でもびっくりするくらい素早くバーピーを終え、忍者のように壁を越え、クライマックスの三角ジャングルを短い手足を最大限に有効活用して一気に頂上へ登り、スパイダーマンのようにスルリと降りた。そしてゴールラインへ一目散。感動にひたる間もなくメダルとフィニッシャーTシャツをありがたくいただき、息子からカバンを受け取ってキッズレースのスタートラインまで猛ダッシュして無事に間に合った。心からホッとして、泥んこの両手をウェットティッシュで拭きとり、息子の雄姿を見届けるためにスタートからちょっと離れた第一カーブで携帯を構えた。

フィニッシュした人はみんな泥だらけだ。スタートラインに立つジュニアスパルタンを誇らしげに見守る親の中には、私と同じように泥んこのシニアスパルタンも多くいた。子は親の背中を見て育つというが、息子はバーピーばかりしていた母のようにではなく、父のように鍛えて挑もうと学んでいるに違いない。

13歳以下が参加するキッズレースも、走ったり、壁越えをしたり、サンドバッグを背負ったり、ロープをのぼったりという大人レースのミニ版だったが、さすがに泥沼と有刺鉄線はなかった。ゴールをくぐってフィニッシャーメダルをもらう子どもたちはみんな誇らしげで、なんともいい顔をしていた。息子は泥んこにもならず、数十分で終わってしまったキッズレースはおもしろくないと不満気で、翌年は大人のレースに挑戦すると宣言していた。

最後の三角ジャングルチャレンジ。
下から観客が覗ける仕様だ

会場内に設置された仮設シャワー場に行くと、泥だらけの人びとで溢れていた。喉が渇いているうえに並ぶ気力もないから、洗面所のシンクで手足に水をかけることにした。ふと目線をシンク上にある鏡にうつすと、鏡の中に白髪でしわしわの粉吹きばばの姿を発見してしまった。体中についていた泥は固まり、白くなってひび割れしていたのである。気分は清々しく戦いを終えた勇敢なスパルタンだったけれど、外見はその対極にあった。あわてて水をかけると黒い髪といつもの顔がでてきた。あんなに全身泥だらけになったのに、泥パックの成果は一切ない。

これを夢見てゴールしたサンミゲルの生ビールを求めて、フェスティバルエリアにあるビールスタンドへ直行した。冷たい一口が喉を心地よく通っていく。ここでやっと現実に引き戻された。レース中はあまりにもタフで非現実的だったから、おもしろい夢を見ていた気がした。レース後もハイな状態が続いていたが、我に返るとドッと疲れを感じ、その場に座り込んだ。ビールだけでもうれしいのに、おつまみにフィッシュボールのチョイスがあるというのも香港スペシャル。フィッシュボールはコンビニにも売っていて、香港の小中学生は学校帰りに立ち寄って食べるほどポピュラーな小食だが、ビールにもとてもよく合うおつまみなのである。めちゃくちゃ大変な思いをして消費したカロリーを一気に摂取してしまうけれど、このビールのおいしさは何事にも替えがたい最高のご褒美だ。よくがんばった自分と難関突破を助けてくれたスパルタンの同志のみなさんに乾杯！

カラダにムチを打ち、タフだけどココロがほっこりするスパルタンレース。機会があったら、他の国のものにぜひ挑戦してみたい。

ご褒美のビールとフィニッシャーメダル。
疲れた身体にしみわたる！

Entry No.2

ベトナム

ホーチミン市マラソン

開催地：ベトナム・ホーチミン
参加年：2019年1月
参加距離：42.195km

【公式HP】https://hcmcrun.com/ja/

ニュージーランドで寮生活を送っているタイキの夏休みの帰省中に、久しぶりに家族一緒の旅ランを実現させようと数か月前から情報収集をしていた。南半球の学校は1月末から年度が始まり、12月初旬に終わるので、その後は約2か月間の夏休みに突入する。一方、北半球の学校はその時期は冬休みにあたるから、休みは約2週間である。娘のキミは北半球、タイキは南半球と9119キロもの距離が離れているところに2人の中学生を通わせていると、休みだけでなく学校行事も何かとこんがらがることが多い。

ちょうど帰省中の1月2週目の日曜にベトナムのホーチミンでマラソン大会があることを知り、さっそく申し込んだ。もちろんティーンエイジャー2人の合意のうえでのことである。親の言うことを聞く年齢はずいぶんと前に過ぎてしまったが、幸いランニングやスポーツに関しては小さい頃から慣らされたせいか、本人たちもやる気満々だ。北半球の学校に通っているキミはすでにお正月休みは明け、新学期が始まっている。学校を休まないために金曜日に学校が終わってから行き、月曜日の学校が始まる前に帰ってこられる弾丸旅ランを決行することにした。普段はロードレースは参加しないカートも、翌週香港で開催される100キロトレランのウォームアップとして参加することになった。

カートとタイキのボーイズチームはその前の数日間は北海道へスノボーホリデーに出かけ

ていたため、金曜日に新千歳空港から成田空港経由でホーチミン入りをした。仕事と学校を済ませたガールズチームは夜のフライトでホーチミンへと飛んだ。私たちがホテルにチェックインしたのは午前2時すぎのことで、すでにいびきを高々とかいているボーイズは起きる様子もなく翌朝まで寝続けた。今週に入って風邪気味の私は薬を飲んでベッドに入った。

翌日はレースのゼッケンピックアップのため、スタート地点に設置されたレーステントへと向かった。グーグルマップによると、滞在ホテルから徒歩で約30分はかかる。レースのスタート時間は午前4時だから、明日は午前3時過ぎにはホテルを出ないといけないなと頭で考えながら歩いて行った。ホーチミンマラソンはベトナムで一番大きなマラソン大会ということだが、規模は想像していたものよりはるかに小さかった。町中にポスターやバナーが張られて町中お祭りムードというのとは違うようだ。ホテルのスタッフも、昨日空港から乗ったタクシーの運転手さんもマラソンのことを知らなかった。

ホーチミンで初めてマラソン大会が開催されたのは１９９２年のことである。２５０人の参加者のうちの多くはベトナム戦争の退役軍人だった。その後主催者やコースなどが変わり、今の形になってからは今年が6回目だという。フルマラソンのカテゴリーができたのは２０１７年とつい最近のことだ。

ゼッケン配布テントではフル、ハーフ、10キロ、5キロ、キッズダッシュと距離別に受付デスクが設けられていた。私はフルの列へ、家族は10キロの列へとそれぞれ並んだ。毎回マラソン前でもそれほどトレーニングをしているわけではないが、今回は師走や年明けで忙しくしていたため、全くのトレーニングなしで挑む。心配した子どもたちが1週間前に5キロのジョギングに2回ほど付き合ってくれたが、寒いのにストレッチをせずに勢いよく坂を走り下りたからか腰を痛めてしまった。それからは毎日ストレッチだけはするように心がけていたが、果たしてどうなっていることか。

レースパックにはゼッケンの他にTシャツも入っているが、ハーフとフルは完走をしないとフィニッシャーズTシャツはもらえない。近くにはスポーツグッズやスポンサーである台湾エクセレンスのブースが並んでいた。そこでジェル飲料のサンプルを明日の朝食用に、それと配っていた日焼け止めをいくつかいただくことにした。この旅行は弾丸で家を出る1時間前くらいまで荷物を詰めていなかったため忘れ物が多く、日焼け止めもそのひとつである。ガンガンと照りつける太陽のなか、いくら美白には興味がないとはいえ日焼け止めなしはあまりにも無防備すぎる。いただきもので明日の用意はバッチリだ。

マラソンの前に、今回の旅ランはもう一つ目的があった。午後からはホーチミンから約70

キロ離れたクチにあるクチトンネルを訪れるプライベートツアーに申し込んだ。クチトンネルはベトナム戦争中に南ベトナム解放戦線のベトコンとアメリカ軍が戦った戦場であり、全長200キロ以上にわたる地下トンネルがある。タイキとキミにとっては初めてのホーチミンだから、少しでも何か得るものがあれば来た甲斐があるというものだ。

クチの見学ツアーにて。トンネルのほかに、人一人がやっと入れるような狭さの秘密の入り口があった

ガイドをしてくれたベトナム人のランさんにこの場所で繰り広げられた当時の様子を説明してもらい、トンネルの中にも実際に入ってみた。高さ1・5メートルほどの狭いトンネルはこれでも欧米人観光客用に広くしたらしいが、とても立っては歩けず四つん這いになって進んだ。違うトンネルにはコウモリも逆さになってぶらさがっていた。この地に住んでいた人々はこの環境下で10年間生活していて、その間に37人の赤ちゃんも誕生したそうだ。私はこの赤ちゃん

たちと同世代にあたる。日本で生まれた私は祝福され、ぬくぬく育てられた一方で、ここで生まれた同世代ベイビーは泣くことも許されず困難ななか育ってきたのだ。同じ時期に生まれても、どこに生まれたかによって生き方が変わってくる。

１９７５年に終わったベトナム戦争は、クチの人々みんなが力を合わせたことでベトナムの勝利につながったそうだ。その話を聞き、「ベトナムでは女性も戦って、ベトナム人って精神も強いのね」と私が言うと、ランさんは「今のベトナム人はそんなことないわ。日本人は今も自然災害と戦っていて強いわ」とはっきりとした口調で言う。20代のベトナム人女性の目には、日本人はそのように映っているのか。

その後は実弾射撃を体験し、ベトコンが食べていたという腹持ちがいいキャッサバ芋を砕いたピーナッツと塩砂糖につけて試食しながら、明日のマラソン前にちょうどいいねと舌鼓をうった。食べながら話していたら、なんとランさんもトレランをするらしい。長袖長ズボンというコンサバな服装で華奢な体をしている彼女からは想像もつかなかった。彼女のおすすめはダラットのトレランだそう。別れ際に「私もいつか家族で走れるようになりたいわ。明日がんばってね」と目を輝かせながらエールを送ってくれた。

レース前夜はイタリアンレストランでパスタを食べるつもりだったが、滞在ホテルのエリアはコリアンタウンらしくレストランやスーパーも韓国系のものが多かった。その中でパスタもある韓国レストランに入り、タイキとカートはボロネーゼをオーダーし、キムチが大好物の私は迷わずキムチライスを食べた。ベトナムビールはメニューになく、レストランのママには韓国焼酎のソジュを勧められたがそれを飲んだら早朝起きられなくなってしまう。一番近いアジア圏のタイガービールで乾杯することにした。最近自称ベジタリアンのキミはサラダだけ食べていたが、炭水化物なしで明日大丈夫なのかと思いつつ口は出さないことにした。走っている最中に空腹でエネルギーがなくなったら学習して、次回からは炭水化物を摂るようになるだろう。

「10キロって長くて途中走りながらすごくヒマになるんだよね。そういう時って何する？」

タイキがそんなことを聞く。「周りの景色を楽しんだり、今後の人生について考えながら走ってみたら？」とアドバイスしたのに、そんな面倒なことはしたくないらしい。キミは最後にもらえるメダルのことだけを考えて走るそうだ。カートは心拍数とか歩数とかを確認しながら、スピード調整をするそうだ。私は走りながら考え事をしていることが多い。頭がスッキリとして、いろんなアイディアが次から次へと溢れてくるのだ。だから音楽は聞かないことにしている。食事を終えて、ホテルへ帰る途中コンビニに寄って、明日の朝食べるバナナを調達した。

翌朝、午前4時のフルマラソンのスタートに間に合うように午前2時45分にそろりと起きた。10キロのスタートは午前6時半だから、他のみんなはまだ寝ている。昨日いただいた日焼け止めクリームをぬり、ジェルドリンクを飲み、バナナを食べて準備完了。風邪だか大気汚染だか、原因不明の喉の痛みがあり呼吸がしにくい。痛み止めの薬を飲み、吸入をした。喘息持ちの私にとって吸入器は私のランニングパートナーだが、私のカラダは枯草や動物の毛と相性が合わないようで、今回のコースは街中だから置いていくことにした。

ホテルを出ると人影どころか昨日ゴミ袋をあさっていたネズミもいない。エアコンの古ぼけたグアングアンという音だけが鳴り響いている。スタート地点までタクシーに乗ろうかと思っていたが、動いているものは一切ない様子だ。仕方なく1・5キロの距離を歩く決心をしたところ、大通りに出る直前にバイクが目の前で停まった。よく見ると赤いベストを着たお兄ちゃんが運転しているバイクタクシーだった。家族で移動する場合、1人しか乗れないバイクタクシーは不便でなかなかチャンスがなかったが、一度乗ってみたいと思っていたのだ。こんないいタイミングで目の前に現れてくれるなんて乗るしかない。ヘルメットをキャップの上からかぶり、風を切りながらスピードを感じる。大通りには走ってスタート地点へむかうランナーが数組いた。これくらいの距離はウォームアップとしてちょうどいいのだろうが、生憎そんな余裕がない私は10分ほどバイクの後ろに乗ってテンションが最高値に上がった状態で到着した。２０１９年最初のランは出だしから新しい体験もできて絶好調である。

スタート時間までの30分間はストレッチをしたり、ピープルウォッチングをして雰囲気を楽しんだ。目の前にいるランナーのTシャツに書かれていた「I' MPOSSIBLE」という言葉が印象的だった。これはオードリー・ヘップバーンの名言である「Nothing is Impossible. The word itself says I'm possible.（不可能な事なんてないのよ。言葉それ自体が言ってるでしょ。私はできるって）」からきているものだ。ここの会場に集まったランナーたちも、初心者は完走を目標に、経験者は自分のパーソナルベストの結果を出そうと、きっと自分の可能性を信じてスタートラインに立っているだろう。この大会のキャッチフレーズである「Dream Big With the City（街とともに大きな夢を持て）」に通じるものがある。

大会MCの紹介によると、今回のマラソンは全カテゴリーをあわせて９０００人の参加者がいるそうだ。制限時間がフルは7時間、ハーフは3時間半の設定だから初心者でも参加しやすいというのが売りらしい。午前4時、人の波が動き出してアーチ前に移動する。最前列には風船をつけたペーサーが並んでおり、目標タイムによって風船の色が違うのでカラフル

風船をつけたペーサーが前方に並ぶスタート地点

だが走りにくくないのだろうか。腰の調子も呼吸の調子もいまいちだが、ゴールで待ってくれている人のことを考えるとゆっくりと走るわけにもいかず、4時間半のペーサーにくっついていくことにした。開会式の挨拶が終わり、10からカウントダウンをしてスタートだ。このカウントダウンの時のわくわくと、ゴールのアーチをくぐった時のわくわくの両方があるからレースはやめられない。こんなに心が弾むことは日常では滅多に起こらないものだ。

　暗闇の中でランナーが一斉に動き出す。先日夜のジョギング中に石につまずいて転んだのがトラウマになっており慎重にゆっくりと走り始めた。コースとなっている7区は郊外にあたり、バックパッカーが集い観光スポットが多くある1区に比べると静かだが、早朝だからか人も車もバイクも通っていなくてさらに静かである。のたのたしていたら、スタートして10分もしないうちに最後までついていくつもりだったペーサーの風船は遥か彼方へと消えていってしまった。

ホーチミンの1月の平均温度は26度、平均湿度は74パーセントだから時期的には比較的過ごしやすいはずだが、2キロの標識を通り過ぎる頃には肘から汗が流れ落ちるのを感じた。背中に汗が流れるのはよくあるが、肘から流れるのはよほどのことだ。ドライフィットの半袖Tシャツに、長いコンプレッションタイツをはいているから体温が下半身からどんどん上がって肘に滝ができてしまったのかもしれない。コンプレッションタイツは血液循環をよくして筋肉疲労回復の効果がある優れものだが、温度も湿度も高いところではハーフタイツの方が適していそうだ。まわりをみると、長いものをはいている人はあまりいない。

風船のペーサーは見失ったため、ペースメーカーになりそうな同じくらいのスピードで走っている女性を探そうとあたりを見渡してみると、女性の数が圧倒的に少なかった。フルマラソン全体の参加者が833人のうち、女性は97人だというデータを後で見て納得した。するとイマドキの洋楽をガンガンかけているランナーが後ろから来る気配を感じ、次の瞬間、そのランナーと取り巻き5～6人も台風のように過ぎ去っていった。彼らはハーフの1時間30分のペーサーと取り巻きだったようだ。5分ほどついていこうと必死になったが、この苦しさは明らかに私のペースではないと自覚した。

このレースの最大のポイントとなるフーミー橋は8キロ地点を越えたところにある。車道は閉鎖されておらず、歩道を上るランナーとUターンして下りるランナーがぎゅうぎゅうになりながらすれ違っている。歩道の両サイドには心に響く言葉が書かれたバナーが下げられ、ひとつずつ読みながら橋の急な坂道を走り上った。その中の「Be stronger than excuses（言い訳より強くなれ）」はまさに私のためにある言葉である。腰が痛いだの、トレーニングしてないだの言い訳ばかり考えてないでしっかり走りなさい、ということだ。日常生活でも、弱気になるとすぐに言い訳を考えようとしてしまう。レースが終わって聞いてみるとタイキは「Journey to Success（成功への道のり）」がよかったと言っていた。ポジティブな息子に対し、カートは脇目も振らず走っていたからバナーの存在にすら気が付かなかったらしい。1枚ずつ写真を撮りたかったが、まだ暗かったので2周目に撮るつもりで携帯を出さなかった。

高さ45メートルにもなる2区と7区を結ぶこの橋の反対側へは渡りきらずに、中間地点でUターンする。走り下りると1週間前に感じた腰のズキンとする痛みが戻ってきた。走る前に湿布を貼って痛み止めも飲んだのに効き目がないから、少しペースを落とした。平坦な道になると、それほどの痛みは感じなくなっていて一安心。コースは橋以外は平坦だからなんとか乗り切れそうだ。

川の向こう側が朝焼けでピンクがかってくると、町も起きだし喧騒が始まる。バイクの数がだんだん増え、ランナーの数も増えた。時間差でフル、ハーフ、10キロがスタートし、それぞれ先ほどの橋まで行くのでコースが重なる部分がある。明るくなってきて周りの人が見えるようになってきて、ボランティアの10代後半くらいの女子が少し恥ずかしそうに声をかけて応援してくれた。他の距離の反対側を走っているランナーも「グッジョッブ」と親指を立てて「いいね」の合図をしてくれたりと活気が出てきた。

夜が明け、ホーチミンの街並みがはっきり見えてきた

コースの周りに数々あるインターナショナルスクールを通り過ぎながら、敷地の広さに驚いた。5～6階建ての校舎にサッカーやラグビーができるフィールドもある。学校の近くには比較的新しそうな高層マンションが建ち、おしゃれなカフェ

も点在している。ここでも香港のように駐在員家族が同じような暮らしをしているのだろうか。川沿いを走っていると、反対側に数百人はいそうなランニングやパワーウォークをしている集団が見え、5キロレースが始まったのだとわかった。その中には車椅子だったり、ベビーカーを押しているママの姿も見える。こうやって希望者が誰でも気軽に参加できる距離の選択があるのはいい。昨日は1キロのキッズダッシュも開催され、小学生が参加していた。ホーチミンシティーマラソンというネーミングにふさわしく、ホーチミン在住の市民が楽しめ、海外からのランナーもホーチミンという市を楽しめるコンセプトになっている。

フルマラソンのコースは後半部分を2周するというのを昨日はじめて知った。それだったらハーフでもよかったのにと、申し込みの時コースを確認しなかったことを悔やんだ。マラソンに参加して走りながら町の雰囲気や人々を観察するのが私の旅ランの楽しみ方だから、同じところを2回走る必要はあまりない。27キロ地点でフルマラソンのランナーはリストバンドをもらい、2周目に挑む。このリストバンドをしていなかったら、ゴールをしてもメダルをもらえないという大事なものである。

時間が経つにつれ、ホーチミン名物でもある交通渋滞がはじまり、コース上の道路を渡るのも一苦労になった。ボランティアが車を停めてくれようとはするものの、バイクのみなさんはそれを完全無視。各方向から車やバイクが無秩序地帯のようにクロスして、ランナーはその間を一瞬のスキを見て渡る。前のランナーの後にぴったりとくっついて、ここだけは超特急で走るのである。ランナー専用道で走っていても気は抜けない。後ろからバイクや自転車が追いかけてきて、ボランティアや交通整理の人に注意されないと車道に戻ろうとしないのだ。こういうマラソンも貴重な体験だとおもしろがっていたが、次第に喉が焼けるように痛くなってきて、呼吸する時にかすかにゼーゼーという音が出るようになってしまった。バイクに乗っている人がマスクをしているというのに、ランナーはマスクなしで走りながらこの汚染された空気を肺いっぱいに吸い込んでいる。一昨年ごろ、数か月おきに喘息が悪化して気管支炎にかかり、ドクターに原因は香港の大気汚染だと言われたことがある。そんなことをすっかり忘れて、吸入器を部屋に置いてきてしまった私のおバカ。呼吸を整えるため、しばらく歩くことにした。

気を紛らわせるためにすれ違うランナーウォッチングに集中していると、お相撲さんの恰好をして走っている日本人がいた。気温と湿度がぐんぐん上がってきているなか、ずっとサウナスーツを着ている状態でさぞかし大変だろう。ゴールするときには3キロくらいは痩せているに違いないがあまり羨ましくはない。片手でジャグリングをしながら小走りしている男性にも遭遇し、ジャパニーズランナーの意気込みがうかがえた。時計をしていないから走り始めてどれくらいたつのかも見当がつかない。クリスマスプレゼントにもらったスポーツウォッチのフィットビットは説明書をゴミ箱に捨ててしまっていて、この大会前に使いこなすのは間に合わなかった。

エイドステーションではハーフの距離を過ぎた頃から、氷いっぱいのクーラーに入っているボトルの水をくれる。これを一口飲んで、あとは頭と首にかけると溶けていた体が生き返る。気温も湿度も高いこのマラソンでは、給水地点では毎回水かスポーツ飲料を飲むようにしていた。そのほかバナナと一口サイズのドライフルーツもあり、南国の果物の甘さが体中の細胞を活性化させてくれる。普段のスナックとして食べていたら間違いなくカロリー過多だが、今はこの誘惑にノーとは言えない。お行儀は悪いが噛む食感がちょうどいいパパイヤだけをコップの中に盛られているドライフルーツの山から選んでとった。

大会が設置しているエイドステーション以外にも、会社が自社のランナーのために設置しているらしきスタンドがあり、そこでも水をもらった。コップに氷水が入っていて、水を飲んだ後の氷は首まわりにあてると一瞬のうちに溶ける。息がしにくくて腰も痛いけど、それを上回る暑さで頭がもうろうとし、後半戦は体力のなさと暑さと空気の悪さで悪戦苦闘した。

子どもたちは午前6時半に始まった10キロレースを走るから、私のゴールを2時間以上は待つことになる。こんな気温のなか、ゴールではなく近くにあったハイランドコーヒーのエアコンが効いたところでアイスチョコレートでも飲みながら待っていてくれればいいのだが。

フルのコースは同じところを2周するはず、いつになったら2度目の橋を渡ることができるのかとやきもきしながら走っていたら、目の前に38キロの標識があった。この地点で38キロということは、また橋まで行くと距離をオーバーする。「フルのコースはハーフとほぼ同じコースを2周する」と聞いていたから、てっきり橋も2回渡るのかと思っていた。コースマップをさらっとしか見ていなかった私の勘違いのようだ。暗くても橋と名言バナーの写真を撮っておけばよかった。

ゴール前の最後のボランティアグループが応援してくれるのが見えた。「あと500メートルだよ」「もう少しだよ」と、励ましてくれる。前を走っていたカップルが手をつないで、ラストスパートでスピードをあげた。一緒に走って絆が深まるカップルもいれば、我が家のように絆が切れかねないカップルもいるものである。それまでの沿道はボランティア以外に応援する人はいなかったが、少しずつ観客の数も増えてきた。角を曲がる手前で、キミの姿を見つけた。のろのろ走っている母の姿を見て「スプリントしなきゃ」と喝を入れられる。わ

暑さを乗り越え、ようやくゴール！

かっちゃいるけど、足が動かない。さらに曲がったところにはタイキもいた。「もうすぐそこだよ。ダッドがゴールのところで待ってる」と優しい言葉をかけてくれる横で、キミからの「しゃべってないでスプリントする！」と容赦ない厳しいお言葉。最後の50メートルはバイクが行き交う隙を見ての猛ダッシュよりさらにダッシュした。

アーチの反対側で手を振っているカートの姿が見える。「お待たせ、やっと戻ってきたよ」と心の中でつぶやき、アーチをくぐると完走した達成感はあったが、思うように走れなかったという敗北感の方が強かった。メダルを首からかけてもらい、休憩エリアで完走Tシャツを受け取った。家族がいるところに行くと、カートは「グッジョブ」と言ってスポーツ飲料と水を差し出してくれ、タイキは「もっと冷たい水をもらってくる」とどこかへと取りに行ってくれた。至れり尽くせりの我が家のボーイズとは正反対に一人娘は「どうしてスプリントしなかったの」とまだ辛口である。みんな暑いのに、ずっとゴール付近で待っていてくれたそうだ。「陰にいるとそうでもない、心地いいよ」とカートは言ってくれたが、休憩テントでぐったりしている人達を見るとどうもそうとは思えない。ありがたい限りだ。

休憩テントで休む、完走後であろうランナーたち

落ち着いてから、近くのレストランでベトナムサンドのバンミーとコンデンスミルクの入ったベトナムアイスコーヒーを飲みながら、レースの報告会をした。カートは道を間違えて10キロのところを13キロ走ってしまったそう。セーラー服を着た太い眉の日本人がいたから写真を撮ったと見せてくれたのは、イモトの恰好をした女子ランナーだった。タイキは追い抜かそうと思っていた同年齢の男の子を最後まで追い抜かせなかったらしい。キミは後ろにいるタイキに負けたくなくて最

後の2キロをスプリントしたから、ゴールしたとき気分が悪かったと言う。それぞれのイキイキと語る表情に見とれ、興奮気味に話すストーリーに聞き入りながら、これもレースの醍醐味だなと思った。後日の結果発表によると子どもたちは2人ともカテゴリーで3位、カートは多めに走ったにもかかわらず１８９２人中75位。スッキリ感のない走りだった私でも、驚いたことに８３３人中３０２位だからそう悪くはなかったのかもしれない。

ホテルに戻りシャワーを浴びてチェックアウトした後、飛行機の時間までベンタイン市場や1区の観光地を散策した。ベンタイン市場ではスパイダーマンの絵や、高級ブランド風の柄がついたマスクが山積みになって売られていた。マスクはホーチミンの人にとっては生活必需品であるほど、排気ガスで空気は汚れているのだ。午後2時の日差しは容赦なく肌をジリジリと照りつけており、こんな中で走っていたら間違いなく倒れるランナーが続出したことだろう。今朝の時間帯でさえ、走っている途中に熱中症で倒れて救急車を待っているランナーを見かけた。スタート時間が早いのは南の国で開催されるマラソンでは仕方のないことだ。

さんざん連れ回しておいて今さらだが、キミは明日学校でテストがある。テスト勉強ができるように早めに空港へ向かい、滑走路に面している静かなレストランを見つけた。キミが勉強している間、私とカートは地元のビールでささやかな祝賀会をした。気管支の調子がいまいちの私はスモールサイズのジョッキで乾杯。飛び立つ飛行機を眺めながら、次にこの空港に降り立つのはランさんおすすめのダラットのトレランに参加するときかなと考えた。

Entry No.3

中国

万里の長城マラソン

開催地：中国・天津郊外
参加年：2006年5月
参加距離：42.195km

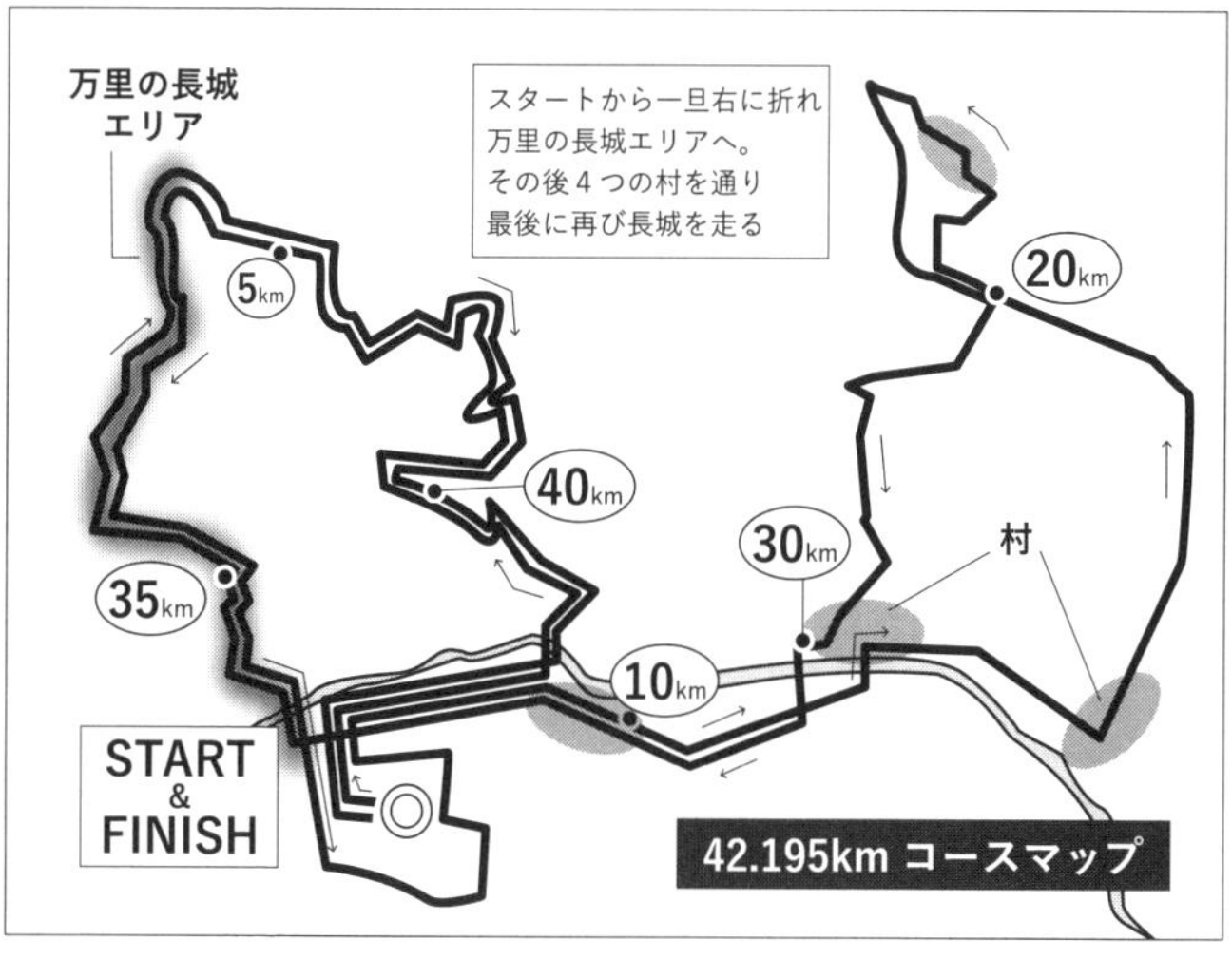

【公式HP】https://great-wall-marathon.com/japanese

私がマラソンを始めたきっかけは、いたってシンプルだった。

産後肥りの体型をどうにかしようと、娘のキミが2か月になったくらいから少しずつ走り始めた。それでも2人目ともなるとお腹の皮が伸び切っているのか、一向に戻る気配がない。それならもっと何かモチベーションを高めるものをと思って申し込んだのが「万里の長城マラソン」である。１９９９年にはじまった世界一チャレンジのマラソンのことを知ったのは、キミが生まれた直後の２００５年の暮れのことだ。アップダウンの激しいこのマラソンのためなら過酷なトレーニングもできるはずだと考えたのだ。しかも申込金はマラソンにしては高額なので、初めて挑戦するフルマラソンは絶対に完走すると気合が入っている。

そうは思ったものの、2児の母をしながら仕事をしていると、なかなか走る時間をさがすのは難しい。単なる言い訳にしかすぎないということは十分承知しているが、夜中の授乳で数回は起こされるため、早朝のジョギングというものがなかなか実行できずにいた。それでもフラストレーションがたまっているときに夫に任せて家を離れ、自分一人の世界に浸りながらジョギングをすると気分爽快になった。数十分間の私が自分のことしかしなくていい、貴重な時間である。

この機会に断乳しようと考えた私は、マラソンに旅立つ1週間前から急激に断乳に取り組んだ。とにかく食欲旺盛なキミは口に入るものなら何でもいいらしく、母乳以外でもこだわりなく粉ミルクもグビグビ飲んでいる。それを見てホッと一安心し、私自身の体の調子もどうにかマラソンに支障のない状態に落ち着いた。今回のマラソンはアドベンチャーランナーの夫も一緒に参加するので本当ならゆっくりと観光できるくらいの余裕を持って旅行の予定を組みたいところだが、やはり子どもを預けるじいじとばあばのことを考えると、コースの下見の前日に到着し、お疲れ様パーティーの翌日に帰る4泊5日が最も好ましいだろう。出発当日の昼間はめいっぱい子どもたちと遊んで、2人を寝かしつけてから空港へ行った。子どもだけでなく私もかなり遊び疲れていたらしく、子どもに邪魔されずに機内映画を観ることを楽しみにしていたのだが、知らぬ間に夢の中へと導かれていた。

コース下見の集合時間は午前5時だった。下見だったらこんなに早く行くこともなかろうに、と過去3年ほど睡眠不足の私は思ったのだが、これは午前中で下見を済ませれば午後はフリータイムになるという主催者の配慮だったようである。集合場所である北京市内の大通りには薄暗い中、約10台はあると思われるバスが並んでいるのが見える。今この場所だけ、ここが中国とは思えないほど西洋人がやけに多い。2006年当時の北京には、まだそれほど欧米人の姿は多くなかったのだ。これはみんなマラソン下見組に違いないと確信し、一緒になって待った。

しばらくすると係の人らしきお姉さんが「バスに乗りなさい」とジェスチャーをしたので、一番近いところにあったバスに乗り込み、席を確保した。まわりを見回して初めて気がついたのだが、アジアにいるのにアジア人は私一人。中国人の参加者は下見などする必要がないから参加しないのだろう。耳に入るのは懐かしいアメリカ英語だった。アメリカに住んでいた時は米語イコール英語だと思っていたが、仕事で移り住んだイギリス植民地下の香港は親しみのないブリティッシュ英語だった。さらに夫となった人は、ニュージーランド英語というブリティッシュのブロークンというべきか、かなり訛りの強い英語を発する。アメリカ英語が親しみやすいのは、幼少時代をアメリカで過ごしたという事以外にも、フレンドリーな国民性が影響しているのだろう。

そんなことを考えていると、前の席に座っていた30代くらいのアメリカ人女性が、いきなり後ろに座っている私たちに話しかけてきた。彼女は1年間、中国のどこか田舎の大学で英語を教えているという。私たちが会話を始めたら、なな め前にいる若いアフリカ系アメリカ人の男性が会話に割り込んできた。「聞いてくれよ、ボクの話を！」とずっと誰かに話したかったらしく、うれしそうに話し始めた。コメディ俳優のクリス・タッカーを思わせる彼は、スーツケースが北京に届かなかったらしく、「航空会社が代償金をくれたし、今日中には届くはずなんだけどね。まあ、もし今日中に届かなかったら訴えてやるからいいんだ」と真っ白な歯を見せてニカッと笑い、裁判好きアメリカ人お決まりのコメントをしていた。

話に花を咲かせていると、いきなりバスが停まった。どうやらトイレ休憩らしい。寝起きにコーヒーを飲んだ私は、会話に聞き入るフリをしていたが、実はかなり我慢して限界に近づいていたのだ。ホッとして外に出たものの、そこには道路際に生える木が果てしなく並んでいるだけである。私だけでなく誰もがトイレの建物を探していたが、それらしきものは見当たらない。しばらくすると男の人が木の陰に行き、用を足しはじめた。そうか、そういうことなのか。トイレといってもそれ専用の建物は存在せず、並んでいる木の陰で済ませなさいということなのだと理解した。一瞬ためらったが、何しろ私の膀胱は限界に達している。隣にいた女性も同じ境遇のようで、私たち2人はさっき男性が用を足した隣の木を目指して歩き出した。もう10年以上も前のことだから、現在は設備が整っていることを願いたい。

マラソンの開催場所は天津《てんしん》郊外にある黄崖関長城《こうがいかんちょうじょう》（中国語：ホァンヤーグァンチャンチョン）という部分である。世界遺産の文化遺産に登録されている万里の長城はその昔、北方からの侵攻から国を守るため、それはそれは長い壁を、長い間かけて造ったのである。以前は宇宙から見える唯一の建築物だと言われていたが、細い壁のため肉眼では見ることはできないらしい。長い壁なのでいろんな部分が観光地となっているが、観光客で賑わうのは北京からアクセスがいい八達嶺《はったつれい》長城（中国語：バーダーリン）などで、ここには観光客の姿はない。

到着直後からさっそくコースを歩き始める。フルマラソンは今日歩くルートを２周走ることになっているとのこと。絵葉書などで見る万里の長城はなだらかな坂なことが多いが、目の前にあるのは石の階段ばかりである。北京郊外ならではの青い空と、永遠に続くのではなかろうかと思える壁を目にして、あちらこちらで写真や動画撮影が始まった。おそらく本番は写真など撮っている余裕がないだろうから、と今日のうちに撮りだめをしているのは私だけではないようだ。

この景色のいいコースの石段は全部で５１６４段あるそうだ。歩いただけなのに最後の方は息切れしていた。今回のレースは空気が悪いことも想定してきたが、この息切れは空気のせいだけではないだろう。私は小さい頃から喘息持ちで、空気が悪いところで走る場合は吸入器も持参している。途中で息苦しくなっても２発プシューっとすれば、完走することはできるだろうが、それ以外の部分で不安を見つけてしまった。

マラソン当日は午前2時に起床した。マラソンは早朝4時とか5時といったクレイジーな時間帯に始まることが多いが、今回は午前7時半スタートという良心的な時間ではある。それでも北京から郊外のスタート地点に行くには時間がかかるため、朝というよりはまだ夜の時間に集合するのだ。参加者はアメリカ人が多いらしく、こんな時間なのに非常にテンションが高い。万年睡眠不足の乳児持ち母は会話に入りながらも、気づいたらバスに乗っている間中ずっと寝てしまったらしい。

バスを降りるとカメラを持ったパパラッチに出迎えられた

バスを降りると、物売りやカメラマンが出迎えていた。バスを共にしたランナーたちは迷惑そうにその中をかきわけてスタート地点の陰陽広場に進んでいたが、私はいとも簡単に着いてしまった。当時の中国では肌の白い欧米人は珍しい存在だったと先述したが、アジア人であり、しかもよく中国人に間違えられる私は客扱いされず、被写体としても使えないようだ。しつこく付きまとわれるのも相当イヤだが、完全無視というのも少し悲しい。

トイレから戻ってきたカートが怒っている。羊の数が人口の3倍という国出身の彼は普段は羊のように温和なのだが、久しぶりに激怒しているのを見た。大きなカメラを持ったパパラッチは彼の後をつけてトイレに入り、彼が用を足している様子を撮影しようとしたらしい。彼は薄い色の髪の毛とブルーアイという典型的な「外国人」のルックスをしている。北京の街中を歩いていても、一緒に記念写真を撮ってほしいとよく言われていた。そばにいる私はその人のカメラを渡され、仕方なくカートとその中国人の写真を撮影するのである。これが国際化がはじまったばかりの中国の一般人の姿なのだと感じたものだ。

広場では開始時刻の15分前からステージでエアロビが始まり、ノリのいいランナーはそれにあわせて踊りだす。アルコールのかわりにスポーツ飲料やジェルを飲み、午前7時すぎには1100人のランナーがランニングシューズを履いて踊る健全なクラブと化していた。私の前でリズミカルに踊っている女性はどう見ても70代といった風貌だが、手入れが行き届いた指には真っ赤なマニキュアをつけている。きっと履いている靴の中も同じ色のペディキュアをして、見えないところでもオシャレを楽しんでいるに違いない。後姿からだけで「人生楽しんでいます」という生き方がうかがえる存在感は、まわりのランナーに勇気と希望を与えてくれる。

　スタートライン付近に人が集まり始めるのが見えたので、私たちもそちらへ移動した。エアロビでストレッチは完璧、あとは走り出したら何とかなるに違いない。スタートラインを目の前に、少しだけ緊張してきた。初フルマラソンの私はバリバリランナーの邪魔にならないよう、横の方に並ぶ。近くにいたフレンドリーな老夫婦ランナーが自分たちが参加したことのある過去のマラソンの話をし始めたので、ここで私は彼らにフルマラソンは初めてなのだと告白した。それを聞いた面倒見のよさそうな彼らは、ああしたらいい、こうしたらいいと、たくさんのアドバイスをしてくれた。あまりにも次から次へと浴びて頭が混乱してきたが、ポイントは「先は長いのだから、ゆっくりとペースをつくればいいよ」とのことだ。ペース作りはマラソンで完走するために

スタート前の陰陽広場

は絶対に必要なことらしい。理屈はわかる、けれどアップダウンの激しいこのコースで初心者の私にペース作りなんてできるのだろうか、とさっきよりも不安になってきた。そんな時スタートの合図が聞こえ、「グッドラック、楽しんで」と言葉をもらってそれぞれのマラソンを走り始めた。ここまで来たらやるしかない。

万里の長城マラソンといっても、ずっと万里の長城を走っているわけではない。スタートの広場を出てからしばらくは平坦な道路を走り、そのうち万里の長城へ向かう坂道を上る。のどかな田園風景の中にはランナーの姿しかない。観光客もいないので人も車の数も少ないのがいい。

初っ端から体力を消耗してはいけないと思って、走るのはやめて早歩きをしてみた。走れるところは走って、あとは早歩きをして完走できればそれでいい。そう考える自分と、それでも私よりも一回りは年上であろう人に追い抜かれる悔しさを感じる自分がいて、軽いジョギングをしてみたが、やはり体力への不安が強く、再び早歩きをすることにした。追い抜かれるたびにその後ろ姿を見ながら「私半年ちょっと前に子ども産んだばかりなんだから、トレーニングしていないのよ。次はチーターのように走るんだから」と心の中でつぶやき自分をなぐさめていた。こんなことならもっとトレーニングをしておけばよかった。ペース作りをしようなんて思っていたが、果たしてどうやってそういうことをしたらいいのかわからない。チーターになるのはずっと先のことになりそうだ。

万里の長城にたどり着くまでの道は約4キロあり、気が遠くなりそうなほどにひたすら上り坂が続く。ペースダウンをしてみたものの、息切れがする。白いアゴヒゲを生やしたおじさまランナーが隣に来て「大丈夫かい」と心配そうに声をかけてくれた。彼はこの大変な坂で気を紛らすために会話をしてくれているのはわかったが、話をするための息を使っている余裕がない。「私はゆっくり歩くから先に行って。もしかしたらゴールで会うかもね」とありったけの息を使って、できるだけ軽く言った。すると彼は「じゃあ後で」と坂道をいとも簡単そうに軽く走って上り、小さな点になって消えてしまった。スーパーランナーは、他のランナーのことも気にかけてくれるスポーツマンシップを持っているのだ。

いざ万里の長城にたどり着き、そこを走ってみると不思議な気分になった。中国という異国の土地の壁に世界各国からの人たちが集まって、同じゴールを目指して走っている。これが世界平和の原点なのではないだろうか。下見で通った石段の道には、いたるところにカメラマンがいるので、近寄っていき両手をあげてガッツポーズを決めた。朝の広場では報道陣

レースの最中に撮影。万里の長城からの景色

に完全に無視されたリベンジである。ここにいるカメラマンは後日その写真にタイムを入れて売るための写真を撮っている人たちなので、ランナーなら誰でも撮ってくれるのだ。実際に後日、初フルマラソンを記念してちゃっかり購入してしまった。

スタートした陰陽広場に戻り、この時点で前半の万里の長城部分はクリアした。そういえばトイレを我慢していたことを思い出し、広場にあるきれいめなトイレに立ち寄った。初めてのフルマラソン、水分をいつどれくらいとったらいいのか見当もつかず、数キロごとにある給水ステーションで毎回飲んでいたらお腹がタポタポになってしまった。お水を差し出してくれるのに受け取らないのは失礼な気がしたが、トイレにも行きたくなるし、今後は適度に飲むことにした。

この後は４つの村を走る。田んぼのあぜ道などの平坦な道が続くなか、軽く走ってみた。

のどかな光景に癒される。途中で立ち止まって写真を撮るランナーもいれば、音楽を聞きながら自分の世界に浸っているランナーもいる。そうかと思えばおしゃべり好きなランナーに「グッジョブ、がんばって走ってるね。ところで君はどこから来たの？」と聞かれ、「えっとね、生まれは、日本、今は、香港に、住んでるの……」とゼエゼエと息をしながら会話がはじまる。私は話をするのは決して嫌いではないのだが、体力的にそんな余裕がない。かといって無視するわけにいかず話をしながらペースをどんどん落としていくと、「じゃあまたね」と去って行ってくれる。マラソン初心者には学習することがたくさんある。このマラソンは全体的に見ても「自分のベストタイムを出そう」と気合いの入っているものではなく、風景を楽しみながら走ろうという参加者が多いようで、リラックスしたムードが流れている。

コース上に住む村人たちは家の外に椅子を持ち出してそこに座ったり、沿道の岩に座ってランナーを観戦している。走っている私たちはTシャツやタンクトップと短パンでちょうどいい気候だが、村の人たちは長袖を着てジャケットを羽織っている人もいる。この大会は今年で7回目ということもあり、このあたりの村にとって恒例のエンターテインメントのようになっているようだ。大人は拍手をしてくれ、子どもたちは小さな手を控え目に出してハイタッチをする。私が通りすぎると、前を走るランナーよりも盛大な声援が聞こえてきた。中国入りしてから現地の人に相手にされなくて被害妄想の塊になっていたが、３週間の語学留学で得たなけなしの北京語能力からすると、「がんばれ中国人」と言っているようである。90パーセント以上の参加者が西洋人のマラソンにアジア人がいたら、アジア＝中国になるのも当然だろう。あえてリーベンレン（日本人）と訂正せず、応援にこたえて手を振りながら「シェシェ」と笑顔を返した。応援してくれる人がいるというのはうれしいものだ。前回見知らぬ人に応援されたのは、いつだったか思い出せないほど前のことだ。

声援をくれるコース上の村の人たち

やっとの思いで４つの村を通過し、ホッと一息ついたのも一瞬のことである。フルマラソンのランナーには、もう１回万里の長城コースを走るという試練が残っている。足が壊れかけている35キロ地点にきて、またあの階段を上らせるなんてまるで嫌がらせのようだ。１回目とは逆回りのコースだが、階段の数はもちろん変わらない。はるばる万里の長城まで来たのだから、「2回も走れるなんてラッキー！」と喜ぶべきことなのだが、体が全然喜んでいない。これから挑む階段ばかりの万里の長城部分は3キロある。膝は操り人形のようにガクガクしていて、誰かが上から私の膝を操っているかのようだ。膝の感覚がなくなり、勝手に動いている。昨日の下見ではそれほど感じなかったのだが、万里の長城の階段は足の短い私にとってはハンディがある。足がスラッと長い人は一段一歩でクリアできるのに比べ、私は足どころか両手を使って這い上っている。「足の長さ○○センチ以下はタイムから○分引く」というハンディーをくれたらいいのに。それと、この勢いで手足を使ったら指輪は傷だらけになるから指輪をはずしてきて正解だった。マラソンでまさか手を使うとは思いもしなかったが、指がむくんでパンパンになるかもしれないから朝はずしてきたのだった。

万里の長城コースをなんとか乗り切り、スタート直後に歩いて上った坂を今度は走って下りていく、つもりだった。坂道は上りの方が下りよりも大変だとずっと思っていたが、そうではない。下りの方が体力は使わないが膝をたくさん使う。その膝が階段ですでにガクガクしていると、もはや走っておりることは不可能だ。ラストスパートはがんばろうと気合いだけは入っているのだが、体がついていかない。仕方なく歩くことにした。ゴールが近づくに

やっとたどり着いたゴール地点！

つれ、あと1キロというサインが出てくる。道端ではすでにゴールしてメダルをもらってランナーたちが、声をかけてくれる。「ゴールまであと少し。がんばれ。よくやったね」という励ましの言葉が疲れ切った体に身にしみた。

　スタートから6時間44分後に、スタートした広場のゴールを踏んだ。タイムを見て、よくこんなに長い間走っていたなと我ながら感心した。出発したのは朝なのにランチの時間もとっくに過ぎている。だんだんと実感がわいてきた。時間はかかったけど、完走できたんだ！

　私よりも2時間半も前にゴールしたカートは、私が戻るのをランチも食べずに首を長くして待っていたようで「よくやったね。君を誇りに思うよ」と優しい言葉をかけてくれた。彼はすでにご紹介の通りトライアスロンなどのアクション派なわけだが、あとで聞いたところ、走るだけのこのマラソンは少し物足りなかったようだ。

翌日の午後6時からは、由緒ある北京飯店でマラソン参加者のための祝賀会ディナーが開催された。昨日の汗にまみれた姿とは打って変わって、着飾った約800人の紳士と淑女の集まりだ。大きなホールでのビュッフェ式のパーティーで、10人分のカトラリーがセッティングされたテーブルに着席して料理をいただく。ビュッフェテーブルの真ん中にある氷の彫刻が、お料理の豪華さをいっそう引き立てている。

私たちのテーブルにはとても幸せそうなカップルがいた。彼はマラソンの最中、なんと万里の長城で彼女にプロポーズしたそうだ。彼女の答えは「イエス！」。なんという粋な演出だろう。彼女の薬指にはシャンデリアの光にあたってより一層輝くものがあり、テーブルにいるみんなで、彼らの婚約を祝福した。いったん話が落ち着くと私とカートのことを聞いてくる。「私たちはすでに結婚していて、2人の子どもをじいちゃんばあちゃんに預けてきているよ」と私は言った。「本当に！　信じられない！」という驚いた反応が肯定的なものなのか批判的なものなのかわからず、それに対してどう答えようかと迷っていたが、どうやら私たちは婚前カップルだと思われていたらしい。

レース翌日のパーティー。チャイナドレスで着飾る女性もいた

7か月の娘がいると知るとさらに驚いていたが、婚約したばかりの女性は興味津々に乗り出してきた。「妊娠中も走ってたの？　子どもがいて、このマラソンのためにどうやってトレーニングしたの？」などの質問攻め。実はフルマラソンは初めてでランナーでも何でもなく、妊娠中はたまにウォーキングするくらいだったこと、産後肥りを解消するためにマラソンに申し込んだことを暴露した。「子どもが2か月になった頃から少しずつ近所のまわりを走り始めたの。ニュージーランド産の三輪バギーを押しながら走ると、体力を2倍消耗するからいいわよ。子どもが泣いていても、バギーに乗せて走り出したらすぐに泣き止むわよ」と先輩ママぶってアドバイスなんてしてみた。初心者ランナーの私は昨日はアドバイスを受けてばかりだったから、反対の立場になるのもいい。彼女は昨日婚約したばかりだというのに、彼に「ベイビーが生まれても走るわ！」

と宣言をしていた。

パーティーも中盤になると、舞台ではMCが各部門の優勝者を発表するセレモニーが始まった。一通り終わると、今日67歳の誕生日を迎えたフルマラソンランナーのおじいさまやこのマラソンでマラソン歴50回のランナーなどの発表があり、いろんな人がいるのだとあらためて感じた。この大会で世界各地から集まっているいろんな境遇の人たちと交流できたことは、とてもいい刺激になった。余韻にひたる間もなく、最後は追い出されるように忙しなく終わった。1時間後からここで政府関係者の宴会があるらしい。名残惜しいと思っていたら、参加者の気持ちが理解できるよくできた主催者は、2次会の会場とそこに行く交通手段も用意済みだった。

興奮冷めやらぬランナーが乗った観光バス2台は、あるクラブに横づけした。今までクラブには何度も行ったことはあるが、観光バスで横付けしたのははじめての経験である。この旅ランでは「はじめて」のことが多くて常にわくわく感がある。2次会には主催者が想定していたよりもはるかに多い参加者が集まったらしいが、マラソン完走を祝って大騒ぎ、というよりはしみじみと語りに入っている人が多かった。こんなに様々なバックグラウンドの人たちが集まるイベントはそう多くはない。いろんな人と話してみたいと誰もが感じているようだった。

　私が話しこんだ女性はイギリス出身で、イギリスのデパートを上海でオープン予定なので、視察のため中国に長期滞在しているそうだ。彼女はこのマラソンもチャリティーのために走ったという。走る前に寄付金を募り、完走したらその寄付金はチャリティー先に渡される。毎回チャリティー先は変えているが、全て女性のためのチャリティーグループを選んでいるそうだ。今回は乳ガンのサポートグループのために走ったそうだ。ただ自分の達成感のためでなく、それによって人のためにもなるなんてすばらしい。そんな貢献の仕方があることさえ知らなかったから、次にマラソンを走る時はそのようなことも考えてみようかと思った。世界中から集まったランナーが情熱を語る北京の街角の夜は、ゆっくりと更けていった。

Entry No.4

マレーシア

キナバル山
クライマソン

開催地：マレーシア・サバ州

参加年：2004年10月

参加距離：21km

【公式HP】 http://www.climbathon.my/

長男のタイキが生まれてからカートは、アドベンチャーレースの楽しさに目覚めたらしい。彼は産後肥りとは関係ないというのに、そういうお年頃なのだろうか。

今回のチャレンジは、東南アジアで一番高い山であるマレーシア・サバ州のキナバル山を登り降りするレース、クライマソンである。クライマソンとは「登る」という意味の「クライム（climb）」と「マラソン」の語尾（-athon）を合わせた言葉だ。キナバル山は標高4095・2メートルという富士山よりも高い山で、その山域にあるキナバル自然公園は2000年にマレーシアで最初に登録された世界遺産である。

前年はタイキを妊娠していたため運動はそれほどできなかったし、家族計画では翌年も妊娠する予定だったので、何かにつけて「思いっきり運動ができる今年は何かレースに出たい」という発言はしていた。カートは私のそんなつぶやきを本気にして、自分がクライマソンに申し込む時に、サプライズで私も申し込んでいたのである。このレースが私の誕生日の数日前に開催されるので、レースへの出場を誕生日プレゼントとして贈ってくれたのだ。サプライズとはいえ、生後10か月の赤ちゃんがいると連れて行くとか行かないとか、誰に面倒を見てもらうとか計画しなくてはいけないことがたくさんある。申し込んだ直後に「実はね」と教えてくれた。

カートのサプライズはありがたく、私も「キナバル山は行ったことがないからいいね。レースの後、ちゃんとホテルのスパも予約しておいてね。バースデープレゼントで一番長いトリートメントよろしく！」と気持ちよく返事をした。レースの内容はよく知らなかったが近所の裏山なら走ったことがあるし、レースよりもスパの方を楽しみにしていた。

出発1週間前にそういえばレースってどんなものだろうと、そのレースのウェブサイトを初めて見て、頭の中が真っ白になった。ウェブサイトの説明によるとこのクライマソンは世界中のアスリートたちが集まるスゴイものらしい。それに「The World's toughest mountain race（世界一タフな山のレース）」という恐ろしいサブタイトルまでついているではないか。

このレースはスカイランナー・ワールドシリーズのひとつであり、これに参加して点数を獲得すると世界チャンピオンになれる可能性がある、いわゆるスカイランニングの最高峰らしい。ＩＳＦ（International Skyrunning Federation：国際スカイランニング協会）が認めるスカイランニングは標高２０００メートル以上の場所で開催されるレースで、走るというより垂直方向に「登る」ことを重視していると言ってもいいだろう。距離、高度、技術の３つを基準としてそのレースがＩＳＦに適しているかを判断する。

私が参加しようとしているクライマソンはその規定を満たしていた。それもそのはず、コースマップを見るとなんと標高1563メートルにあるキナバル公園本部をスタートして、4095・2メートルある山頂まで一気に走り登るのである。往復21キロというこの距離を、一般にハイキングする場合は1泊2日で行うが、スカイランニングの早いランナーは3時間などでやってしまう非人間的なものなのだ。そんなタフなこと、今までゼッケンもつけたことのない初のレース参加者というだけでなく、出産後は身体に不調があり、半年経ってようやく裏山の中腹までの軽いジョギングを週2回ほど、というゆるめのトレーニングしかしていない私が参加してもいいものなのだろうか。

それと、タイキを連れて行くかどうかも悩ましい。宿泊するのはキナバル山のふもとのロッジでどういうところだか見当もつかない。カートと私のレースは違う日にあるから面倒を見るのは問題ないが、ボルネオの山麓で意地悪な蚊に刺されても困るし、ベイビーフレンドリーなところではないと判断し、香港でじいじとばあばとお留守番することになった。タイキはお留守番に慣れているのか、まだよくわからない月齢だからか、私たちが家を出るときもじいじに抱っこされてご機嫌だった。

運悪くレースの前日が香港の連休と重なったため、直行便は満席で乗れなかった。直行便だと香港─コタキナバル間の飛行時間は3時間弱なのに、クアラルンプールを経由するとその倍以上の時間がかかる。クアラルンプールまでの飛行時間は3時間半。それから1時間半のトランジットがあり、国内線に乗り継いでコタキナバルを目指す。クアラルンプールの空港はとてつもなく広い。ターミナル内には植物も多く、ちょっとしたオアシス感がある。ここからコタキナバルまでさらに2時間半かかるが、たまにはこういう遠回りもいいのかもしれない。コタキナバル空港周辺は大嵐で、着陸寸前はかなりひどく揺れてジェットコースターに乗っているようなスリルがあった。

空港からタクシーに乗り、レースのゼッケンをピックアップするためキナバル自然公園にあるホールへと向かう。コタキナバル空港から自然公園までは距離にして90キロ、約2時間かかるらしく、運転手は乗せてしまったものの行きたくない様子だ。途中で運転手の友達だと名乗る人のタクシーに乗り換え、空港で渡されたタクシークーポンと現金100リンギット（約2800円）を手渡していた。どんな取引があるのかは知らないが、私たちとしては無事に目的地まで連れて行ってくれるのなら誰が運転しようと構わない。嵐はどんどんひどくなり、氾濫した川を迂回したりして目的地に着いたのは空港を出てから3時間半後だった。今日は乗り物に乗っている時間がとてつもなく長い。

終わっていないか心配していたレジスターデスクにはまだスタッフがいて、ゼッケンの他にTシャツやサバ州の観光ビデオCDなどが入った袋をいただいた。レースの開催は2日間にわたり、1日目はウィメンズと40歳以上のメンズベテラン、2日目はメンズと分かれている。手続きを済ませたらすぐロッジへチェックインし、明日にレースを控える私は腹持ちのいい炭水化物を山盛り食べて、食後すぐに寝てしまった。まさかの乗り継ぎ便と川の氾濫による大まわりで長い一日となり、かなり疲れていたようだ。旅にハプニングはつきものだが、なにもタフなレースの前日にそんなことをわざわざ経験しなくてもいいのに。

翌日は早朝5時に起床したが、あまり寝た気がしなかった。目を覚ますためにシャワーを浴びている間、今日はお付き人のカートが私の身の回りの用意をしてくれる。ゼッケンをTシャツにピンではりつけて、キャメルバッグ（飲み物を入れるバックパック。ストローがついていて、そこからいつでも好きなときに飲める）にスポーツ飲料を2リットル入れていた。途中にウォーターステーションはあるけれど、私は飲みたいと思ったらその瞬間飲みたくなるから、マイドリンクは背負って走ることにした。パワーが出るハニーとシナモン味のオートミールの朝食も用意してくれた。

コタキナバルはほぼ赤道直下にあり1年中気温の高い熱帯雨林気候のため、年間平均気温は26度もある。10月の最高気温は32度まで上がり最低でも24度だと聞いていたが、標高1500メートル以上あるスタート地点は午前6時の時点で長袖を羽織るほど寒かった。しかもあまり天気が良くなさそうだ。

スタートラインに集うランナーたち

ゼッケン番号を見せて受付をし、記念すべき初レースの写真撮影をするためスタートラインでガッツポーズをとった。スタート時間20分前にはトイレに行き、羽織っていた長袖ジャケットを脱いでストレッチを始めた。スタートラインには50人以上集まっているだろうか。周りにいる上下同じメーカーのスポーツウェアやスポンサーの名前入りシャツを着ているランナーは、アスリート感が溢れていて速そうに見え、心なしかストレッチの姿すら決まっている。ああいう伸ばし方もあるのね、と真似をしてみるとたしかに体が伸びて気

スタートの幕。天気が悪いがはたして大丈夫だろうか

持ちがいい。

スタートの時間がせまるにつれ、少しずつドキドキしてきて、次第には心臓が飛び出そうなくらい胸がバクバクしてきた。未知の経験に対しての緊張感とワクワク感は、10か月前に陣痛がはじまって病院に行くタクシーの中で感じたドキドキに似ているかもしれない。出産もある意味、母親業というレースのスタート地点ではある。母親業はスタートしてしまったらゴールはないが、このレースは21キロ後にはゴールがある。今回の私の目標はタイムではなく、約8キロ先にある頂上までたどり着くこと。スタートから3時間半以内に頂上へ到着しないと、失格になるだけでなく、途中で引き返すことになるらしい。頂上直前でのUターンだけはしたくない。とはいえ高山病は別である。レース前のブリーフィングでも、高山病にかかったら速やかに下山するようにと何度も繰り返し忠告している。頂上近く

で引き返すことほど悔しいことはないが、命を落としてしまったら元も子もない。「下山する勇気を持たなくてはいけない」と、キリマンジャロに登ったときにガイドが同じことを言っていたなと思い出した。人間の体には限界がある。

午前7時、少しずつ明るくなってきた空に「バーン」というピストルの音が鳴り響き、マウントキナバル・クライマソンがスタートした。１９８７年からはじまったこのレースは今年で18回目を迎える。初年度はマレーシア人だけの参加だったが、海外からのランナーも増え、２００４年は18カ国から物好きランナーが集まっているそうだ。前年に国際スカイランニング連盟に加盟したからか、今年は世界のトップランナーが勢ぞろいしているようだ。平和だった山にランナーが一斉に入る。初心者の心得として、とにかくプロランナーの邪魔をしないよう、後ろのほうで控えめに構えていた。

スタートしていきなりコンクリートのアップヒルが続く。山を登るレースなのだからアップヒルは当然といえば当然だが、日頃のトレーニングはゆるくとはいえ裏山を走っているおかげか私としてはとてもスムーズなスタートだ。この坂だけで10人くらいのランナーを追い抜いてしまい、最初からこんなに飛ばしていいものかとちょっと心配になる。ティンポホン

途中に見えた滝

ゲートを通過すると、そこから先は正式にキナバルの山域だ。ここから泥道のトレイルランがはじまり、約8キロ走ったところで頂上が待っていてくれる。少し進むと見事な滝が左側に見えてきた。あら素敵！　と一瞬見とれたが、タフなレース中だと我に返り、引き続き駆け足をした。

途中のエイドステーションでは水だけでなく、ふくらはぎのところをコールドスプレーしてくれるので足が再び軽くなる。そこには2キロを表示する看板があり、時計を見るとまだスタートしてから30分しかたっていない。頂上までは残り約6キロだから、単純計算すると2時間で到達するはずだ。気持ちに余裕ができて少しは登山を楽しもうと思い、周りを見渡した。しかし残念ながら雨が降っているうえに霧が出ていて、何も見えない。目の前の男性ランナーは使い捨てカメラで写真を撮っていた。今日走っているということは40歳以上のベテランランナーだ。彼は何枚か撮りながら「証拠写真がないと、誰も自分がクライマソンをしたとは信じてくれないから」と言っていた。「それにしても道がドロドロで走りにくいよね」「今年は誰が優勝するんだろうねえ」と世間話をはじめた。長い道のり、おしゃべりをしていた方が気が紛れる。

4キロ表示の地点を越えるとだんだんと斜面が急になってきた。おしゃべり仲間の彼の姿は後ろの方にかすかに見える。階段の一幅の段差が大きく、両手を使って必死によじのぼった。それにしても寒い。半袖シャツと短パンという恰好だから、手足が出ているところは全部冷たい。顔を触ってみるとほっぺも髪の毛までも冷たくて、両手をあわせてこすりながら歩いた。香港では感じることのない、日本の11月くらいの寒さだろうか。体を動かしていると寒さを感じないからジャケットは必要ない、と他のランナーから聞いていたのに、まるでそんなことはない。私の体の動かし方が足りないのか？　まわりに人の姿はなく、気持ちも寒さで滅入ってきた。せめて気持ちだけでも盛り立てるべく、カートが「これが一番いいものが入っているよ」とお墨付きをくれたパワージェルを食べた。パッケージに書かれている成分をしっかり読む彼が勧めるのだから間違いない。

標高約3300メートルのところにあるラバン・ラタに着いたのは、スタートして2時間20分後。ここはゲストハウスがあり、ハイキングの御来光目的の人たちが仮眠する宿だ。想像していたものよりもはるかに大きい建物で、濃い霧のため視界が悪かったのもあり、山の中腹にいきなり現れたときにはびっくりした。ハイキングだとここまでくるのに5～6時間はかかるらしく、ここで食事と仮眠をとり、さらに2～3時間かけて頂上に達するのが一般的なコースだそうだ。頂上でのカットオフタイムまであと1時間10分ある。私はいけると確信した。

気を取り直して進むと、霧はどんどん濃くなり3メートル先にいるランナーの姿さえ見えなくなった。さらに、このあたりから岩盤地帯の坂にさしかかってくる。寒さでかじかむ両手で補助のためのロープをしっかりと握り、ゆっくりと岩を登る。ここにロープがあってよかった。このロープがなかったら行く先を見失い、きっと行方不明になっていただろう。体の表面も皮膚も感覚がなくなるくらい、冷たくなってきた。気持ちだけでも温かくなるように、ホクホクの肉まんを頬張っている想像をする。背負っている水も氷のように冷たい。

8キロという看板を見て「やった！　頂上についた！」と涙が出そうなくらいうれしくて喜んだが、はて、その先にまだ道が続いている。事態が飲み込めたときは自分のアバウトな性格を恨めしく思った。頂上まで約8キロで間違いではないのだが、正確には8・7キロである。たかが700メートル、されど700メートル。快晴の平地だったらたいした距離には感じないが、ここは真冬の寒さをほこる標高4000メートルの山のてっぺん付近。一歩進むだけでも根性がいる辛さである。

　降っていた雨が氷に変わり、手足についていた汗も凍っている。Tシャツと短パンだけという何とも無防備な格好をしているのはまわりのランナーも同じだ。腕に汗粒の形をした氷がくっついていて、触るとポロリと落ちる。レースの紹介ビデオでは快晴で、頂上からの眺めは最高だったのに何という違いだろう。

　目を細めてみると霧の向こうの前方からランナーが2人やってくる。状況が把握できずきょとんと見つめていると、「寒すぎてこれ以上は無理だから引き返すよ」という男性の声が聞こえた。それを聞いた私の目の前にいた女性も進む方向をかえてUターンし、その男性に次いで下山しはじめた。私もそうしようか。とにかく寒い。けれども、さっき確かに8キロの標識は通ったから頂上までそれほど遠くはないはずだ。頂上にたどり着けないという屈辱とこの先に何があるのかという好奇心が私の中に確かにある。ここで引き返したら一生ぐっすり眠れないと思い、前に進もうと決心した。

　そしてまわりには誰もいなくなった。何も考えずに、一歩一歩ゆっくり進む。長時間レースは体力の他にも気力と精神力が必要である。頭の中がポワンとしてきて、眠くなってきた。

カラダは冷え切っていて寒いはずなのになんだか気持ちよくなってきて、このままここで寝ようかなんて考えていた。そんな時にボランティアスタッフを見て我に返る。いくら上着を着ているとはいえ、立っているだけの彼らの方が相当寒いだろうに、一生懸命に声をかけて応援してくれている。体の全ての細胞は凍っているようで感覚がなくなったけど、彼のおかげで心はあたたかくなった。

大きな岩が目の前に現れ、震える両手と両足で這って登った。その登りきったところに、なんと頂上があったのだ！　そこには看板と一人くらいしか立てないくらいの狭いスペースがあるだけで想像していた頂上とは全く異なる。身体を小刻みに動かしているタイムキーパーが2人いた。一番標高が高いところにいるから彼らが一番寒いはずだ。時計は「3：48」と表示していてカットオフタイムの3時間30分には間に合わなかったけれど、とりあえず頂上に立つことができたのだ。高揚と寒さと高度とで頭の回転が鈍くなっていたのか、タイムキーパーに「これからどうするの？」なんて聞いてしまって、怪訝な顔をされながら「ゴーダウン」と下を指でさされた。ごもっともな答えである。

頂上付近で寒さから硬直しているランナーの姿があった。マレーシア人の男性で私と同じような恰好をしているが、きっと私より寒さに慣れていないのだろう。レスキュー隊が両腕を抱えて一緒におりていた。ＣＡという職業病、つい「何かお手伝いしましょうか」と口に出るところだったが、タイムキーパーにわけのわからない質問をする私は迷惑な存在でしかないと考え、自分も山を下りていく。

あまりにも体が冷たいから、途中のゲストハウスで休憩してから下山しようかとも考えた。どうせカットオフタイムには間に合わなかったから正式タイムはＤＮＦ（Did Not Finish）だし……。だがそんな時ふと、ゴール地点で待ってくれているであろうカートのことを思い出した。そうだ、一刻も早く戻らなくてはと気持ちだけは焦っても体がついていかず、何度も転びながら無心で走り降りた。岩も石も階段も濡れていてツルツル滑るのだ。頂上を離れてからも1時間くらいは体の震えが止まらなかった。足は疲れてガクガクなため両手を必死に振って動かし、その甲斐もあって身体が温まってくると気持ちにも再び余裕がでてきた。上りは必死だったから声をかける余裕がなかったチェックポイントの人にも挨拶をする。この人たちや、凍りかけていたマーシャル、ほぼ凍っていたタイムキーパーという人たちのおかげでレースはスムーズに実行されていることに、改めて感謝の気もちでいっぱいだ。ふと道のわきにバスケットボールくらい大きなオレンジ色の花をみつけ、この山には珍しい植物がたくさん生息しているとガイドブックに書いてあったことを思い出した。

ようやく山を下りたが、下山しただけでは世界一タフなレースは終わらない。その後も2キロのコンクリート道を走ってやっとゴールだ。全身疲れきっていてもう歩こうかと思ったけれど、そこにレースとは関係なく走っているという人がいたから、同じペースで走ってついていった。この人は私をゴールに導かせるために、この時間にこの場所にいたのだと思った。この人がいなかったら、私は他のランナーのように歩いていただろう。

遠くからでもゴールラインで首を長くして待っているカートの姿が見えた。待っている人がいるとこんなにもがんばれるのかと初めて感じたのと同時に、今までカートのレースに一緒に行かなくて悪かったなと反省した。ゴールを踏み、完走者メダルを首にかけてもらい、カートの側に行く。彼はギョッとした顔をして「手と足から血が流れているよ。大丈夫？」と驚いていた。必死で気がつかなかったけど、腕と足の数ヵ所に切り傷がある。あれだけ何度も転んだのだから無理もない。体はボロボロになったが、こうして、午前7時にスタートし午後1時28分にゴールラインを踏んだ。約6時間半のこのレースはたしかにタフだったけれど、楽しかった。やり遂げたという達成感や、ゆっくりでもいいから前に進めば必ず頂上に到着できること、誰かが待っているとがんばれることなど日頃気にしなかったことにあらためて気づくことができた。

どうやら今回のクライマソンは例年に比べて天気が悪く、より一段とタフだったようだ。頂上の気温はマイナスだったとかで、どおりで鼻水が凍ってしまったわけである。優勝したチェコ出身のランナーはアテネオリンピックにも出場したアスリートで、3時間6分でゴールしたという。その他の参加者も日頃から鍛えている人が多く、男性でも頂上に辿り着けなくて戻ってくる人が多い中でレースデビュー戦かつクライマソン初挑戦で頂上にいけたのはかなりラッキーなことらしい。

その夜は、レース会場で知り合いになったイギリス人でブルネイ在住のソニアとジョンも一緒にレストランで食事をした。カーボローディングの大盛りパスタディナーだ。翌日はカートとジョンの出番である。ジョンは去年カットオフに間に合

6時間半のレースを終えた完走メダル。感慨もひとしおだ

わなくて頂上にたどり着けなかったから、たどり着けるまで何度でも挑戦すると言っていた。レストランにいる多くがクライマソン参加者か関係者で、今日のレースについて話をしていた。そこで耳にしたのだが、私が頂上付近で見かけた凍えていた男性は、その後亡くなったそうだ。マレーシア人の男性ランナーの顔を、私ははっきりと覚えている。タフなレースといえどショックと残念な気持ちでいっぱいで、彼の安らかな眠りを願った。

翌日は昨日と同じ時刻に起床した。今日は私がカートの身の回りの支度をしようとはりきっていたのだが、用意のいい彼は昨日の夜に全て済ませていた。メンズの参加者は149人と昨日の倍以上。スタートラインは混雑していた。カートは少し緊張した顔をしてウォームアッププランをするランナーを見つめていた。彼はレースに参加したことはあるけど、こんなに本格的な世界中のトップアスリートが集まるレースは初めての体験だった。

ピストルの音とともに、タンザニアのヌーの大移動のように大勢の人が一瞬にして目の前を通り過ぎていった。スタートラインから少し離れたところでカメラを構えていたけれど、あまりにも一瞬すぎてきちんと撮れていない気がする。ランナーを見送った後、私は筋肉痛の足をほぐすために1時間半くらい公園内をお散歩した。昨日はあんなにブルブル震えていたのに、今日の天気は心地よくノースリーブで快適だ。山頂が雲の間から見え隠れする。日曜日というのもあって、地元の家族連れなどのレース応援者がたくさんきていた。ゴールライン付近のレストランで、昨日の夜ごはんを一緒に食べたソニアとコーヒーを飲みながら夫たちの帰りを待った。

昨日とは打って変わって良い天気

ゴールラインはカメラマンや新聞記者の人で混雑していた。メンズのゴールテープを最初に切ったのはブルーノというイタリア人ランナーで2時間40分という驚異的なタイムだ。頂上までは1時間38分で達したという。彼に続いて何人ものランナーが走り切った達成感のある清々しい顔をしてゴールするが、拍手があるのは最初の5人までで、実況アナウンスも10位を過ぎた時点で静かになってしまった。せっかくマイクがあるのだから、ゴールするランナーの名前を呼んであげたらいいのに。ゴールは賑やかな方がいいと思って私とソニアで拍手をし続けていると、新聞記者がインタビューをさせてほしいと言ってきた。今日のランナーではないのだが、とりあえず撮っているのだろうと気にせずにいた。

それから数分後、カートは走り出して4時間25分後に戻ってきた。ラストスパートで120％の力を出し切る彼は、ゴールした途端に緊張がほぐれたのかイカのようにくねくねになって地面に寝転んだ。彼は2時間42分で頂上に到着したそうだ。ソニアはジョンの姿を探しているけど見えない。カートはぎりぎり8キロのチェックポイントを通過できたから引き返さずにすんだけど、彼の後の数人以降は引き返す組になったという。

ロッジに戻り、コタキナバルのホテルに行くタクシーの予約を確認する。昨夜と今朝2回にわたって確認したのに、「そんなことは聞いていない、タクシーはない」の一言で片づけられる。らちがあかないからレース会場に戻り、私たちの世話役だったスタッフに事情を説明すると、すぐに車を手配してくれた。このレースに関わっている人は、みんな本当に親切で人間的に魅力的な人ばかりだ。仲良くなったランナーのみなさんやスタッフのみなさんとの別れの言葉はみんな「See you next year」である。誰もまた会えるとは思ってはいないけれど、気持ちいい出会いと別れ方だった。

コタキナバルへは2時間くらいで着いた。しかし旅はまだ終わりではない。カートへバーステープレゼントとしてお願いしていたスパの予約時間を聞くと、「そんなのしていないよ。着く時間がわからなかったし、予約なくても大丈夫だよ」とまさかの答えが返ってきた。ここはホテル名からしてスパ&リゾートというくらいだからスパはここの売り物、予約は必須じゃないだろうか。案の定、今日は予約がいっぱいで明日の私たちのチェックアウトした後の時間帯なら空いているそうだ。キナバル山の険しい山道でスパを夢見て走り続けたのに、なんということだ。

気をとり直してプールサイドでのんびりする。筋肉痛で階段を上り下りするのは大変だが、プールの中で体を動かすのはそれほど苦痛ではない。足のストレッチをして疲れた体をほぐした。夜は久しぶりに夫婦だけのロマンチックディナーで、2人とも完走したお祝いにビールで乾杯。このビールは今まで飲んだビールで1、2を争うおいしさだった。

帰りの飛行機に乗ると、レースで仲良くなった香港在住のデンマーク人男性が、私が今日のマレーシアの英字新聞に載っていると教えてくれた。クルーに新聞を持ってきてもらうと、ヘッドラインは昨日の優勝したランナーの記事であり、2ページ目に私とソニアの写真が載っていた。そういえば昨日10枚以上カシャカシャと写真を撮られたが、ただ夫のゴールを待っている私たちがまさか記事になるとは思っていなかった。「優勝ランナーの4時間後に完

breath-taking scenery.

"I like it here. I'm an environment lover, especially those which are still untouched such as here (Mount Kinabalu)," she said when met in Kundasang yesterday.

"The people are friendly and it makes me as well as other tourists feel at home ... it would be hard for me to describe this place (Sabah) in one word but I'm sure I will be back next year," added Yates who was waiting for her husband who took part in the men's open yesterday.

Hong Kong-based Japanese Miyuki Lynn Kurt, 33, echoed the sentiments, saying she enjoyed her stay here even for a few days.

FRIENDS ... Sonia Yates (right) and Miyuki Lynn Kurt taking photo *with Mount Kinabalu as the background.*

open on Saturday.

Miyumi may have finished the 21km race up and down Mount Kinabalu in six and a half hours, almost four hours slower than champion Anna Pichrtova, but she cherished her every moment at the mountain.

"It is my first time here in Sabah and the climbathon race too. I will not forget my sweet experience here," she added.

According to Miyumi, she decided to travel with her husband Kurt Lynn after they came to know about the race through the internet.

Italian runner Lauri Van Houten, 52, said Sabah will always have a place in his heart.

"Mount Kinabalu is a fantastic place and it attracted a large number of athletes every year. Taking the climbathon as example, it has attracted many world-class runners. It was a well-organised event," said Van Houten, who is an official with the Federation of Sports at Altitude.

John Yates, 40, of the United Kingdom was also among those who staked a claim for the climbathon title.

"You must be strong mentally and physically to conquer the mountain. I competed last year and I was aiming to break my personal record.

"But, I have to slow down my pace for safety purposes and the unfriendly weather too cut down my race with 500 metres to the summit. I'm disappointed," he said.

私とソニアの写真が載った新聞記事の一部。
右上部分の記事は「ミユミ」と間違えられている

走した香港在住日本人のミユミは美しいキナバル山のレースを十分に楽しんだ」と書かれていて、オリンピックランナーと比べられてもとか、名前のスペルが違うとか、思うところはあるがよしにしよう。

香港に着き家のドアを開けると、数日前にちょっと早い誕生日プレゼントといって

カートが贈ってくれたカサブランカの甘い香りがした。

Entry No.5

シンガポール

スターウォーズラン

開催地：シンガポール

参加年：2017年5月

参加距離：4.5km

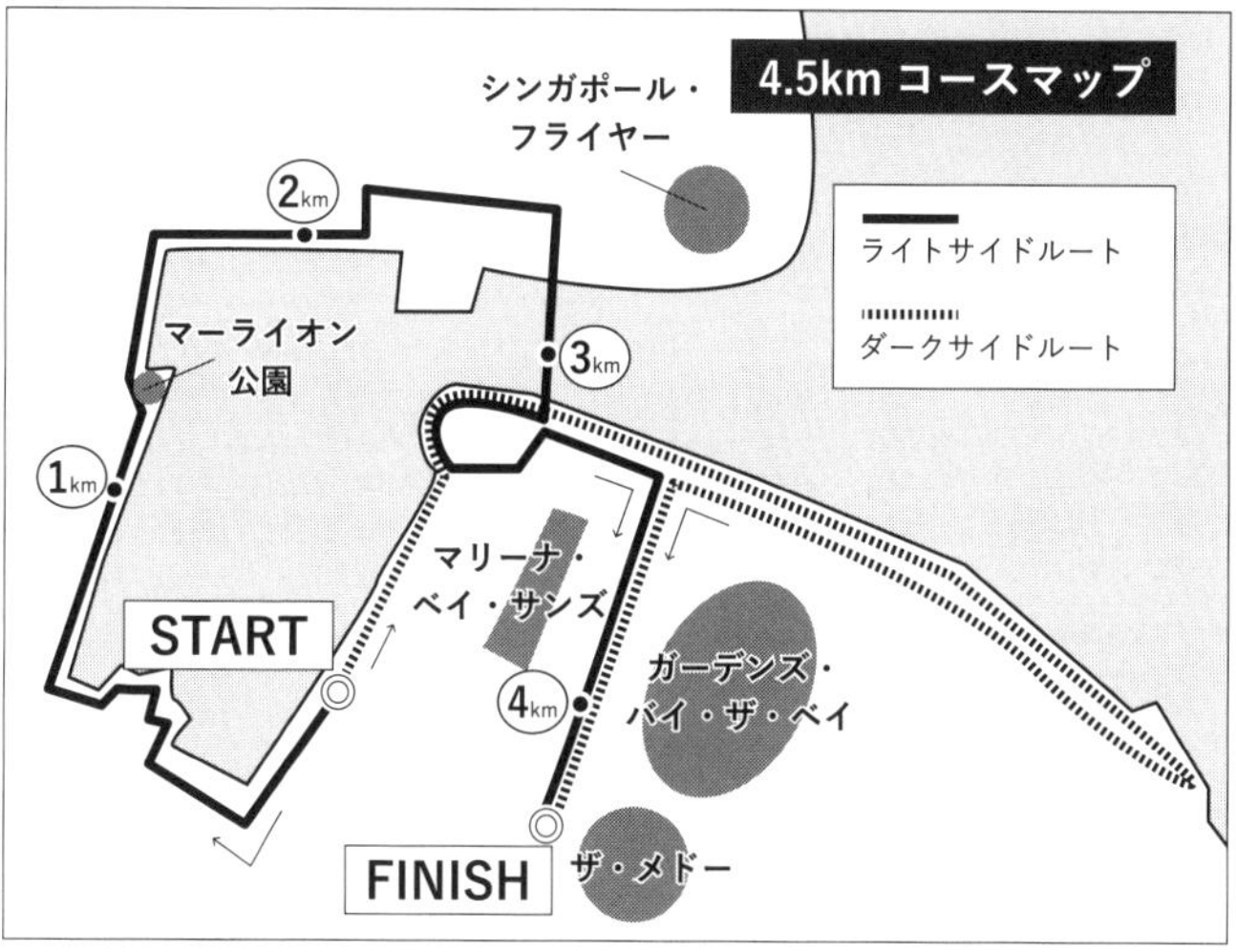

【公式HP】https://www.esprimo.com.sg/StarWarsRunSG/

１９８０年代初めのアメリカはスターウォーズが一世を風靡していた。『帝国の逆襲（The Empire Strikes Back)』や『ジェダイの帰還（Return of the Jedi)』のことである。私が父の転勤でニューヨークに引っ越したのはちょうどその頃で、小学校のクラスメートはハロウィンになると、ダース・ベイダーやルーク・スカイウォーカーの恰好をして近所のトリック・オア・トリートをしていた。スターウォーズは、私がアメリカでの生活を始めた時に感じたいくつもあるカルチャーショックのひとつだった。映画を観て、英語がわかるようになろう、クラスメートについていけるようにスターウォーズマニアになろうと一生懸命努力した。私にとってスターウォーズは、映画を超えて初めて体験した海外であり、その後の将来を左右する分岐点になったといっても過言ではない。

そんなバックグラウンドがあるから、「スターウォーズラン」のことを知ったときにこれは私のためにあるランだと大興奮し、参加しないという選択肢はなかった。場所は香港から直行便で約3時間半のシンガポール、開催日は土曜日の夕方。週末に1泊2日すると子どもたちも一緒に参加できるではないか。さっそく小学生のキミと中学生のタイキに聞いてみると、「試合もないし、一緒に行ってあげてもいいよ」と、この年頃にはありがちな乗り気ではないけど否定もしない返事だったから、即申し込みをした。子どもたちもスターウォーズは最近の何本かは映画館に観に行っているから、嫌いというわけではない。我が家で私の次に参加する気満々だった夫は仕事で都合がつかず、リベンジを夢見て泣く泣くあきらめていた。

私が参加した２０１７年のスターウォーズランの開催日は5月6日。スターウォーズファンのみならず多くの人が知っている映画内の名言、「May the Force be with you（フォースと共にあらんことを）」にちなんで「May the 4th（5月4日）」に開催予定だったが、4日は平日のため一番近い休日の6日に決定したようだ。ちなむというよりはやや強引に結びつけた感があるが、老若男女が楽しく運動ができるのだったら、ちなんでいようがいまいが、こんなにいいイベントはない。

シンガポールではスターウォーズだけでなく、キャラクター系、記念日系のランニングイベントが多く開催されている。「マラソン」というとハードルが高く、無理だと思ってしまう人もいるが、サクッと楽しく誰でも参加できる短いランは人々に健康や運動を意識させるいい機会だ。こういうお手軽お気軽ランが世界各地でひんぱんに開催されたら、もっとココロが健康になる人も増えることだろう。医学的なことはわからないが、カラダの健康＝ココロの健康だということは全ての人に当てはまると思う。

レース当日の朝、香港国際空港を飛び立ち、お昼過ぎにはシンガポールのチャンギ空港に到着した。チャンギ空港は「ワールドベストエアポート」の最上位に5年続けてランキングされているだけあって（注：２０１９年時点で7年連続）、ショップやレストランが充実しているだけでなく、広々としたスペースには蘭の花も芸術的に飾られている。大きなガラス張りの窓からは光が入り、その中で並ぶ入国審査での待ち時間はちっとも苦痛ではない。

空港からタクシーでゼッケンコレクションポイントへと向かう。海外から駆けつけるランナーにとっては、当日ピックアップできるゼッケンは大変ありがたい。タクシーを降りたのはシンガポールの新しいランドマークにもなっているマリーナ・ベイ・サンズの近くだ。3つのタワーからなる巨大なこのホテルの屋上には、まるで空を泳いでいるような設計がほどこされたインフィニティープールがある。ホテルゲストしか利用できないというので、ミーハーな私は以前プール目当てに宿泊した。プールサイドでいただいた弁当ボックスに入ったナシレマ朝食がおいしかったな、とそんなことを思い出しながら受付にたどり着くまでの約30分間を気長に並んだ。

スラックスに七分袖のシャツという飛行機に乗った時の「おでかけ服」のままだったから、額からはナイアガラの滝級の大汗が流れ、背中にも足にも汗がタラリと流れているのを感じる。このレースがなぜ日が暮れてから開催されるのかがよくわかった。赤道付近の国シンガポールは亜熱帯気候に属し、年間平均気温が27度、平均湿度が84パーセントというアツアツムシムシ大国なのだ。日頃から鍛えているチャレンジランナーなら過酷な状況にさらにわくわくするかもしれないが、このスターウォーズランは初心者や子どもも楽しむ目的のファンランである。午前中や真昼間に開催したら、それこそ「もう一生走るもんか！」と懲りるランナーも出るにちがいない。

やっと順番が回ってきて名前と番号を言い、ゼッケンやグッズが入ったストリングバッグ4袋を受け取った。このレースは銀河帝国で一番強力なジェダイのマスター、長者で賢いヨーダがマスコットになっている「ライトサイド」と、銀河帝国の悪者を代表するダース・ベイダー率いる「ダークサイド」の2つに分かれている。善であるライトサイドを選ぶか、悪であるダークサイドを選ぶかはランナー次第。距離は4・5キロと10キロが選べるが、4・5キロはライトサイドとダークサイドではコースが違う。サイドと距離は申し込み後の変更はできないため、申し込み時点で真剣に選ぶ必要がある。

4・5キロは年齢制限がないファンランだが10キロレースは参加資格が13歳以上で、キミはその年齢に達していないため、今回私はキミと一緒に4・5キロレースにエントリーした。

一方、わざわざシンガポールにまで走りに行くのなら、「両方」で出場したいという欲張りなタイキは、ダークサイドの10キロとライトサイドの4・5キロにサインアップした。10キロランの1時間後に4・5キロランがはじまるため、そうしたエントリーも可能だったようだ。

ストリングバッグはライトサイドなら白、ダークサイドなら黒になっていて見た目もかっこよく、体操服袋として活躍できそうだ。受付デスクではスターウォーズでお馴染みのライトセーバーも販売していた。申し込みの時にもオンラインでライトセーバーは売っていたが、価格は日本円で約2000円。公式グッズは何かとお高めである。そこで地元香港のマーケットで安く手に入れたが、安物のライトセーバーは折りたたむことができずトローリーバッグに入らなかったため、せっかく買ったのに結局置いてくることになってしまった。子どもたちはライトセーバーにそれほど執着もなく、「入らないの、じゃあいいや」とどっちでもいい様子だった。

ホテルにチェックインして、ランニングシューズやスポーツウェアを取り出しレースの用意をする。ストリングバッグの中身を取り出して見てみると、ゼッケンのほかにTシャツとタオル、それからサイド別のぬいぐるみが入っている。ヨーダとダース・ベイダーのぬいぐるみが思いのほかかわいすぎて、ここでキミのテンションがあがった。ヨーダにはちゃんと皺もあって、今にもしゃべりだしそうなくらいリアルにできている。ダース・ベイダーは黒一色で特に可愛げはないが、そもそもヨーダだってかわいさを売りにしているキャラクターではない。さっそく私とキミはライトサイドの白いTシャツに、タイキはダークサイドのグレーのTシャツに着替える。ダークサイドのTシャツはグレーのベースカラーに真ん中部分に赤と黒の未来都市のようなデザインが入っていて、着ていると足が速そうに見える。ライトサイドは白のベースに青いデザインでさわやか系だ。

ヨーダとダース・ベイダーのぬいぐるみと、ライトサイド（左）とダークサイド（右）のゼッケン

ＭＲＴ（シンガポールの地下鉄）に乗り、レースのスタート地点があるマリーナ・ベイ・サンズがあるビーチフロント駅で下車する。シンガポール内の移動はわかりやすくて安いＭＲＴが便利で、観光も買い物もこれを乗りこなせば簡単だ。電車の中はスターウォーズシャツを着た人たちで溢れていた。各サイドの制限人数はないようだが、電車内を見る限り、同じくらいの

ダース・ベイダーの仮装をしたランナーも列に並ぶ

比率だ。友人や家族で乗っている人が多く、遠足に行くようなうきうき気分の雰囲気が伝わってくる。機内食のランチだけではランの後までもたないから、マリーナ・ベイ・サンズのフードコートで軽く焼き飯を食べた。大好物のラクサを食べることも考えたが、香辛料のせいで走っている時にお腹がびっくりして反乱を起こされても困る。走る前はいたって普通の、刺激を与えない焼き飯がちょうどいい。

10キロランのスタート時間は午後7時。1時間くらい早くスタートラインに行ったが、ベイフロントイベントスペースはすでに大勢のランナーやファンで埋まっていた。ストームトルーパーの仮装をしている人やプリンセス・レイアの恰好をしているセクシー女子もいれば、全身ダース・ベイダーのランナーもいる。さぞかし暑いだろうに、その格好で10キロ走るなんてすごい意気込みだ。

スタートラインはライトサイドとダークサイドの2つのアーチがあり、その後ろに各サイドのランナーがずらりと並ぶ。タイキもその一員に加わった。スタート15分前くらいになるとMCが出てきて、今日のスペシャルゲストを紹介した。ゲストは毛むくじゃらのチューイーことチューバッカ。ハン・ソロの大親友でファンも多い愛嬌のあるチューイーだった。言葉を発さない猿系のチューイーは、MCの問いには「ウー」とか「ウィー」とか答えていた。カウントダウンの前にはもうひとつのサプライズで花火が上がる。サプライズが盛りだくさんで、撮影のためスマホを出したりしまったりとランナーも何かとあわただしい。

MCとチューイーがカウントダウンをすると会場の盛り上がりは最高潮に達する。ウォーやらワオーやら歓びの奇声が飛び交い、のろのろとランナーの列は進む。アーチの前で自撮りを

チューイーの登場にスマホを取り出し撮影をはじめたランナーたち。残念ながらその姿は写すことができなかった

するランナーも多くその地点ではさらに速度を落としていたが、アーチを過ぎると急にスイッチがジョギングモードに切り替わり、ペースがあがっていた。スタートラインをまたぐのに5分以上はかかったが、無事タイキを見送った私とキミはゴール地点へと移動した。

ランニングコースの一部でゴールのあるガーデンズ・バイ・ザ・ベイは宇宙都市を連想させる雰囲気があり、スターウォーズランにはぴったりの開催場所である。スーパーツリーエリアには25メートルを超える巨大人工ツリーが立ち並び、夜はライトアップされて幻想的になる。黄昏時のガーデンズ・バイ・ザ・ベイを横目にゴールへと向かう。交通規制されて狭くなった歩道で、大勢のサポーターがゴール方向へ、次のレースに出場するランナーがスタート方向へ、通りすがりの観光客もいて大移動しているため混雑している。人波に流れていくと、すんなりとゴールにたどり着いた。流れには逆らわない方がいい時もある。

しばらくするとトップランナー集団がパラパラとゴールのアーチをくぐりはじめた。10キロの参加者は遊び心もあるが、走るときは真剣なランナーも多くいる。Tシャツが絞れるくらいに汗でぐしょぐしょに濡れていたり、ゴールをくぐった途端座り込む姿もあった。夕方になり気温は若干下がるが、湿度は相変わらず80パーセントを軽く超えているだろう。あなどりがちな湿度だが、慣れないとカラダに負担がかかる辛いものである。

最初はゴール沿いで立ってタイキの帰りを待っていたが、立っているだけでも疲れるから芝生に座りながら待つことにした。しかし、待てど暮らせど戻ってこない。以前参加した10キロランのタイムは約55分だった。午後7時10分頃にスタートしたから、8時すぎには戻ってきてもいいはずである。私たちの4・5キロランは午後8時のスタートだが、参加者が多いから30分くらい遅れてスタートしても問題はないだろう。それよりもタイキだ。携帯を見ると、8時10分になっている。倒れてやしないかと心配になり、再びゴール沿いに行ってみた。するとタイミングよく、ちょうどゴールする瞬間を見ることができた。暗闇の中、顔色が悪く見える。メダルを受け取り、水を受け取り、一般客と合流できるエリアで落ち合うと、タイキはかなり気分が悪そうにしている。ムシムシで汗がダラダラ流れるにもかかわらず水分補給をしないで走り続けていたから、完全にバテているのだ。

超親バカを自覚しており息子に甘い私は「もう4・5キロは走らないで、その辺で休んでたら?」とついラクな方向へと導いてしまう。そんな母の発言など耳に入っておらず「今からスタートラインに行く」とびしょびしょのダークサイドのTシャツを絞ってカバンにしまい、乾いたライトサイドのTシャツへと着替えていた。心配ではあるが本人の意志は固く、いざとなれば私も同じコースを走っている。そのまま3人でおそろいのライトサイドTシャツを

スタートラインのアーチ。ここからすでに
ライトサイドとダークサイドに分かれる

着て、スタートラインへと歩いて行った。レースの参加者は1万人を超えているとかで、どこもかしこも混んでいるのも納得できる。それなのにスムーズにイベントが進むのは、大勢のボランティアと表示のおかげだ。

スタート時刻はとっくに過ぎていたが、スタートラインを踏むランナーは前後にもまだまだたくさんいた。走る気満々のキミに遠慮してか、タイキは1人でゆっくりと走るから先に行っててていいよと言う。キミはリードから離されて自由を手に入れた子犬のように暗闇に向かってまっしぐらに走り始め、学校代表にも選出されるそのスピードに追いつけない。馴染みのある道だったら1人でゴールまでダッシュさせるところだが、土地勘のない異国であるうえに夜道ときた。10歳女子を1人で走らせるのはどうしたもんだろうかと考えていると、本人もやはり少し不安なようで、「仕方がないから一緒に走ってあげる」と言って戻ってきた。

コースは観光ルートのマーライオン公園のプロムナードだ。食べ物や雑貨の屋台が並び、前を走るファミリーランナーは北海道アイスクリームの誘惑に負けて、あれよあれよと吸い寄せられて行った。ランの参加者か関係者か、ただの通りすがりのコスプレイヤーか、スターウォーズキャラがコース上に出没しランナーと写真を撮っている。うれしそうにライトセーバーを振り回しながら走り出したちびっこは、はじめの1キロくらいはよかったが、走るのに邪魔になるらしく仕方なくパパが持っていた。それを横目に見て、正規のものを買わなくてよかった、マーケットで買ったのが入らなくてよかったと思った。ところどころでライトセーバーを掲げたボランティアが「こっちだよ」と誘導してくれる。ライトサイドとダークサイドのコースは違うはずだが、白TシャツもグレーTシャツもごちゃ混ぜに走っていて、ランナー本人もボランティアスタッフも気にしていない。

ライトアップされたマーライオン前を通過する。せっかくだからここで一瞬足を止めて、写真をパシャリ。マーライオンは言わずと知れたシンガポールのランドマーク、上半身はライオン、下半身が魚になっている。マーはフランス語の「海」、ライオンはシンガポールという国の名前の由来になったことからマーライオンとのネーミングがついたとか。日中は観光

マーライオンとシンガポールの夜景。背後にはドリアンの形をしたエスプラネード・シアターズ・オン・ザ・ベイが写る

客でごった返しているが、この時間帯になると少なくなり「マーライオンと私」のツーショットの写真も撮れてしまうのだ。それにしてもこのマーライオン、口から気持ちいいくらい大量の水を吐き出している。ここから撮るフォトジェニックの写真には背後にドリアンの形をしたエスプラネード・シアターズ・オン・ザ・ベイも入る。シンガポールの街中にはユニークな形の建築物や銅像も多く点在し、走るだけでなく、町歩きするにも楽しい街である。

　シンガポールの夜景の美しさにひたりながら走るスターウォーズランは、理想的な旅ランだ。30分も走っていると、背中が汗で濡れてTシャツがぴったりくっつく。どんなに性能のいいドライフィットシャツもこの湿度の中ではサラサラ感を保つのは至難の業だろう。うっとりと自分の世界にひたりながら気持ちよく走っていると、「ママもっと速く走って！　おいてくよ！」とキミの鋭い声がとんでくる。彼女はランの最後はスプリントでゴールするタイプだから、そろそろスピードアップしたいようだ。必死についていこうと私なりに速度をあげた。

ゴールのガーデンズ・バイ・ザ・ベイエリアに近づくにつれ、どんどん人が増えてくる。ランナーやその家族や観光客でごった返していてまるでお祭りだ。音楽が流れ、それにあわせて踊る姿もあり、心まで躍る巨大パーティー。なんて楽しいランだろう。そんな気分のままキミと手をつないでゴールのアーチをくぐりたかったが、最後の300メートルで追いつけなくなり、1人でゴールをまたいだ。完走メダルをいただき、水をガップリ飲む。ゆっくり走ると言っていたタイキを長い時間待つ覚悟でゴール付近に座り場所を確保したが、5分もしないうちにゴールしていた。

スーパーツリーのあるザ・メドーでは『フォースの覚醒（The Force Awakens）』を屋外上映していた。気にはなったけれど観たことはあるし、3人とも溶けかけていたから涼しい楽園を求め、エアコンがガンガンに効いているマリーナベイサンズショッピングセンターに隣接しているサンズエキスポ&コンベンションセンターに避難した。皆考えることは同じのようで、その他大勢のスターウォーズラン完走者がすでに涼んでいた。絨毯に座り、電気の明かりの下でメダルをしみじみと眺めてみる。スペースシップやロボットの形をしたメダル

ゴール近くにあった「May the Force be with you」の台詞

はランの距離とサイドによって異なり、全部で4種類ある。今まで参加したランの中で一番ユニークでかっこいいメダルだから、なくさないように大事にしまっておくことにする。何といっても子どもたちと一緒に同じ距離に参加した記念のメダルだ。

Tシャツが乾き体も冷えたところで、お腹が減っていることに気が付いた。時間を確認すると22時をすぎている。ショッピングモール内のフードコートやレストランはすでに閉店していたため、とりあえずホテルの近くまで戻り、唯一開いているレストランに入ったのは23時前。注文した焼き飯が運ばれてくる前にキミは眠り姫になってしまい、運ばれてきても一口食べただけで寝続けた。部屋に戻ってルームサービスをとればよかった。

翌朝ホテルをチェックアウトし、セントーサ島へと向かった。目的地は子どもたちのリクエストでユニバーサルスタジオだ。セントーサ島は旅行者向けの設備が整っていて、小型トローリーが入るコインロッカーがあり便利だ。日曜日ともあって午前10時の開園時間前にもかかわらず結構人がいる。荷物を預けて身軽になり、シンガポールで定番の朝食であるカヤトーストを食べる。ココナッツミルクと卵、砂糖、パンダンリーフで作られるカヤジャムとバターをはさんだトーストのことだ。「郷に入っては郷に従え」で、どの国に行ってもその土地のB級グルメは必ず食べるようにしている。今回の旅行は食事の回数が少なく、昨日は昼も夜も無難な焼き飯だったから、朝からシンガポールのローカルフードにありつけてうれしい限りだ。カヤジャムは甘めで、きっとシンガポール在住だったら年に数回しか食べないかなというお味ではあるが。

今回の完走メダル

　ユニバーサルスタジオでのお目当てのアトラクション「バトルスター・ギャラクティカ」は、足をぶらんぶらんさせて乗るだけではなく、それが何回転もしてしまうという超スリルのあるアトラクションだ。列ができているのを覚悟して入園して真っ先に向かったが、誰もいない。入口を見てみると、「強風のため見合わせている」という案内がでている。少し風はあるが、体感として強風というほどではない。一縷の望みをかけて今後の見通しをスタッフに聞いてみたが、基準の風速が決まっていて、それ以上になると安全のため運行はできないそうだ。空港に行くギリギリの時間まで待ってみたが、乗ることは叶わなかった。

空港に着いたものの予定の便が満席で乗れなかったので、次の便の時間までに念願のラクサにありつくことができた。ココナッツベースのスパイシースープに麺が入った料理で、海老のダシとスパイスとココナッツという組み合わせが絶妙にあう。ハマると、とことんハマッてしまう奥深いＢ級グルメだ。

ランの思い出と、思いがけず手に入れた空き時間で食べた大好きな料理に大満足して、次の便で香港へと飛び立った。

Entry No.6

オーストラリア

シドニー
マラソン大会

開催地：オーストラリア・シドニー
参加年：2018年9月
参加距離：42.195km

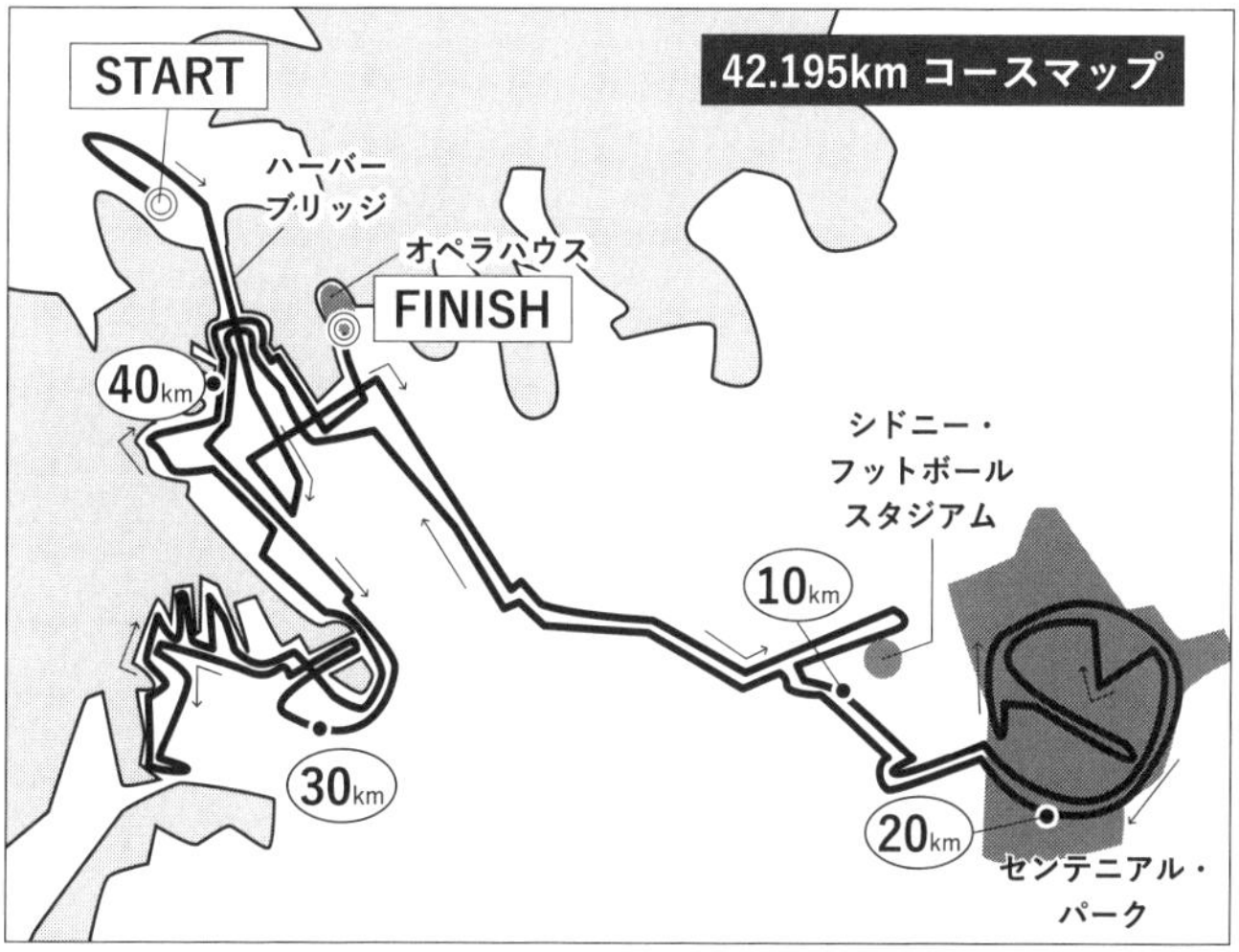

【公式HP】https://www.sydneyrunningfestival.com.au/

夜行便のシドニーフライトの用意をしていると、心配性の夫は「あれを持った？　これを持った？」といちいち聞いてくる。手を止めて返事するので時間がかかり、ありがたいがちょっとうるさい。

「ビザは切れてないよね？」

当然よ、そんな初歩的なミス、私がするわけないじゃないとムッとしながらも、一応確認してみる。あれ？　去年更新したはずのビザ情報がウェブサイトに反映されていないどころか、よく見てみると半年以上前に切れている。日本のパスポートの場合、オーストラリアへの入国にはビザが必要で、用意できていないと入国どころか航空会社のチェックインカウンターで追い返されてしまう。今はオンラインで申請し支払いができるのでかなりラクになったものだ。早速オンラインで申し込みをすると5分後には確認通知のメールが届き、特にその後自分で何かする必要はない。うるさい夫がいてくれてよかった。

今回のシドニーマラソンには1人で参加する。7月下旬にグーグル先生で何かの検索をしている時、たまたまシドニーマラソンについての記事だか広告だかを目にした。普段は車しか通れないハーバーブリッジの真ん中を走って、町中やウォーターフロントも走って、ゴールはあのオペラハウスという、シドニーの名所を走って観光できるフルマラソンだ。町中を走るコースはそこに住む人々の息遣いが聞こえるようで大好きなランのひとつだ。

　そこを颯爽と走っている自分を想像し、さっそくフライトを調べてこの旅ランのシミュレーションをしてみる。金曜日の夜行便で出発したら土曜日の朝にシドニー到着、その後すぐにマラソンエキスポ会場に向かいゼッケンのピックアップをする。日曜日の午前中にマラソンをした後、夜行便で香港に戻れば月曜日の早朝には着く。週末にいなくなるだけで、家族や仕事にはたいして影響が出ないスケジュールだ。よし、行こう！　よく見るとその日が早割の申し込みの最終日で、名前入りのゼッケンもその日の申し込みまで。その場で即レジスターした。私は石橋を叩いて渡るタイプではなく、吊り橋を走って渡るタイプなのだ。

　マラソンの週、香港では週初めから毎日台風情報が流れていた。スーパー台風が週末に香港を直撃するので最大の注意を払うようにとの注意喚起と、航空会社の数社は便変更を無料で提供して早めに計画変更するようにと呼びかけている。金曜日に出発し、月曜日の早朝に香港到着予定の私は、ドンピシャでそれに当たる。台風の真っ只中に家を留守にするのも気が引けたが、夫も娘とのべったりまったり週末もたまにはいいだろう。パスタのストックもあり、冷凍庫にはサーモンの切り身やイケアのミートボールがあるからもし台風で外出できなくても食べ物には困らないはずだ。もし飛行機が欠航になったら、それはその時に考えよう。

台風が近づいているにもかかわらず、シドニーまでの約8時間のフライト中は大して揺れもなく、快適だった。飛行時間の半分くらい睡眠がとれたおかげで到着後も頭がスッキリしていた。シドニーの青い空とまぶしい太陽に迎えられ、さらに目が覚める。南半球にあるオーストラリアの9月は春先といったところだろうか。朝晩の気温は10度台だが、日中は20度台後半まで上がるようだ。空港とダウンタウンを結ぶエアポートリンクの電車に乗り、マラソンエキスポのあるタウンホール駅で降りた。大きな時計塔のあるシドニーのランドマークでもあるタウンホールの一角にあり、思ったよりもひっそりとした入口だった。並ぶほど混んではおらず、申し込みをした時に送られてきたeチケットを見せるとゼッケンを渡される。名前を確認してオッケーというたって簡単な手続きだった。

今回私が参加したブラックモア・シドニー・ランニングフェスティバルでは、フルマラソン、ハーフマラソン、ブリッジラン、ファミリーファンラン、車いすランの5種類のランニングイベントが開催され、全部あわせると参加者は約3万人という南半球で最大のマラソン大会だ。ウェブサイトによると2000年に開催されたシドニーオリンピックを記念して、翌年の2001年にはじまったそうだ。中国や日本からの参加者も多いようで、中国人用ヘルプデスクと日本人用ヘルプデスクが隣同士に並んでいた。大会のウェブサイトは日本語と中国語版もある。

隣接しているマラソンエキスポ会場ではランニング関係のジェルや靴、コンプレッションなどを売るブースがいくつかあった。シドニーマラソンのオフィシャルTシャツをここで購入することもできるが、完走者にはゴールでフィニッシャーズTシャツが渡されるのでランナーにとってはそっちの方が手にしたい1枚だろう。出口の手前にペースメーカーのリストバンドを印刷してくれるコーナーがあり、早速自分の目標時間を入れてみた。どの地点をどの時間に通過すれば達成できるかが一目でわかるようになっている。これを目標に走ることにしよう。

グッズなどを売っているエキスポ会場の一角

マラソン前夜の食べ物にカーボローディングは特に意識しないが、おひとり様で気合を入れるために今夜はカツ丼が食べたい。シドニーは何度か来たことがあるが、当時は現地在住の友人について行くばかりだったのでカツ丼にありつけるエリアがわからず、マップで検索しても日本料理は寿司か鉄板焼きしかヒットしない。嗅覚を使い歩いて探すことにしたが、1時間以上歩いてもカツ丼は幻のまま。他の料理に妥協しようと思っていた時、カジュアルな日本食レストランをみつけた。メニューにカツ丼はないがそれに限りなく近いチキンカツカレーがあり、即入店。土曜日の夜でレストランエリアは満席だったが、ラッキーなことにバーエリアで食べてもいいと言う。とりあえずサッポロ生ビールを飲んで、明日のランに備えて給油する。これで完走は間違いない。食事の方は、「照り焼きサーモン丼」と当初の目的とは全然違うものを頼んでいた。シドニーはシーフードがおいしいから、ここではやはりサーモンを食べておくべきだと店内メニューを見て直感したのである。ブラウンライスの上に脂の乗ったサーモンとグリルされたピーマンとズッキーニの組み合わせは絶妙においしく、大満足でレース前夜の食事を終えた。

寝坊するのが心配で夜中に何度か目を覚まし、アラームが鳴る前にはすっかり起きていた。カーテンを開けて前の通りを見ると、車が1台も走っていない。交通規制は午前4時からすでに行われているため、会場へ向かう交通手段のバスや電車はゼッケンをつけているランナーなら無料で乗れる。スタート地点は滞在しているザ・ロックスからハーバーブリッジを渡って対岸にあるミルソンズポイントだが、ハーバーブリッジを歩いて渡ると30分以上かかるとホテルのスタッフが教えてくれた。フルマラソン前にそんなに体力を使えるほど日頃のトレーニングをしていないので、電車に乗ることにした。3万人のランナーだから混雑を想像していたが、スタートの時間はそれぞれ違うこともあってすんなり電車に乗れた。ちなみにフルマラソンの参加者は約4000人だという。

ミルソンズポイント駅を出るとランナーがあちこちにいた。朝の気温は14度で走るには最高の気温だが、半袖短パン姿の人は震えていた。私は半袖にアームウォーマーをして長いコンプレッションパンツをはいていたが、寒さに耐えられずビニールのポンチョを羽織った。夫に言われて念のために最後にカバンに入れたものである。スタート前にぬいで捨てられるポンチョは便利で、周りにもポンチョ愛好家がいた。手荷物預かりは受け取りが正午以降なので利用せず、ウェストベルトに携帯と身分証明書と紙幣を数枚だけ入れた。

スタートライン近辺には長袖のスウェットやセーターが無造作に放り出されている。どうやらこれは1時間前にスタートしたハーフマラソンランナーたちの置き土産らしい。いらなくなった長袖をギリギリまで着て、それを置いていくのだ。それはその後ボランティアによって全て集められ、チャリティーに寄付されるそうだ。シドニーで開催される大会ではこのよ

ハーフマラソンランナーたちの置き土産

うな光景はお馴染みのようである。それなら私も自然にやさしくないビニールのポンチョではなく、着なくなった長袖のジャケットを持ってきたらよかった。

対岸に見える、世界遺産でもある白い帆の形をしたオペラハウスが朝日を浴びてオレンジ色に光っている。ハーバーブリッジの下のプロムナードにはハーフマラソンランナーの姿も見える。動いていないと寒さで体が震えるから、ストレッチをしたりその辺を歩いたりしてスタートまでの時間を潰す。スタートは申し込み時に自己申告したタイムによって、3か所に分かれている。ゴール予定時間が3時間半以下はA、4時間半以下はB、それ以上はCとなり、Aが最初にスタートする。見るからに速そうなAのランナーたちは半袖短パン姿が多い。私は平均速度のBランナーなのでスタートラインで何が起こっているのかよく見えずよく聞こえず状態だった。

前にいる人たちが一斉に歩き出したから同じ歩幅でついていき、それが少しずつ速くなり、そして走りだした。いつの間にかスタートのカウントダウンがあり、始まっていたようだ。あわてて携帯のストラバをオンにして、まわりの写真も数枚撮った。ストラバは走ったり歩いたり泳いだり漕いだりする距離とタイムを計るアプリで、せっかく42・195キロも走るのだから、フォローをしてもいないしフォロワーもいないけれど自分の記録のために残しておきたい。

いよいよスタート。最初はやはり人でごった返している

スタートして20分もしないうちにこのマラソンコースのハイライトでもあるハーバーブリッジを渡る。お楽しみは後にとっておいた方ががんばれるのだが、車道を全通行止めにしているからそういうわけにもいかないのだろう。普段なら人は歩くことができない一番まんなかの車線で走った。歩道には応援する人たちがぎっしりと立って声援を送っており、沿道の家族に着ている長袖を渡し

早速この大会の目玉、ハーバーブリッジを走る

ている人もいた。ハイライトの橋の写真は撮りたいが、走ったままだとピントがあわないし、他のランナーの邪魔になる。せっかく真ん中に居場所を見つけたのだが、そこを離れて車道の一番端によって立ち止まって撮影タイムに入った。そうやって走る人の写真を撮っていると、なんだか他人事のように感じて、しばらくボーッと目の前を通り過ぎる人たちを見ていた。みんないい表情をして走っているなと感動すら覚えた。ふと我に返り、私もランナーなんだから走らないと、と足を動かしはじめた。真ん中の車線に戻るには人が多すぎたから、そのまま端っこの車線でハーバーブリッジを渡る。渡ってすぐのところにちょうどカメラマンがスタンバイしていたから、ついつい両手をあげスローダウンしてしまう。買うかどうかはさておき、大会後にフォトギャラリーで自分の写真を探すのは好きである。走っている時の姿勢や表情など、無意識の状態が

切り取られていておもしろい。間の抜けた顔をしていたり、緊張感がなくて二重顎だったりと結構恥ずかしい写真もたくさんあるけれど。

このマラソンは走りながら観光ができるのがポイントではあるが、走っている最中に毎回携帯を出して写真撮影をしているとペースも乱れるので、ここだと思う時だけ出すことにした。黄金色に光るシドニータワーにみとれていると、「3：45」という旗を腰にさして走っている人に追い抜かされた。その後追っかけのように十人以上がくっついて走っている。長年マラソンをしているが、これがペースメーカーなんだと初めてその存在を目にした。意識していなかったが、私にしては速いペースで走っていたようだ。このままあの集団と一緒に最後まで走れれば4時間以内に完走するサブ4も夢ではないが、一度後れをとると追いつくのは大変だ。スタートしたときは14度だったが、日差しも少しずつ強くなり、アームウォーマーを手首までおろした。コンパクトなアームウォーマーはこれだけでかなりの体温調整ができる優れモノである。

町中に入るとパラパラと沿道に人がいて、大きな声で「グッジョブ」と声をかけたり拍手をしたりと各自のスタイルで応援してくれる。一番心に刺さったのはアジア系の20代くらいの男性がささやくような小声で言った「Believe in yourself（自分を信じて）」という言葉だった。心まで届く応援は声の大小ではなく、自分が聞きたいと思うタイミングとちょうどあった時に起こる。完走はもちろんするつもりだが、実は今回はその先にもうひとつある目標を持っている。それが彼の言葉で実現できるんじゃないかと自信が湧いてきた。人はほんの一瞬の関わりで影響を受けたり及ぼしたりすることがあり、そういう体験も含めてマラソンは楽しい。

気分よく走っていると、見覚えのあるバーがあった。バーから道路をはさんで向こう側にあるのはシドニーのフットボール・スタジアム。２００３年のラグビーW杯で、当時妊婦だった私は何度か観戦のためにシドニーを訪れたのだ。ノスタルジーの世界に浸りながらスタジアムのまわりを過ぎた地点で、中学生くらいの女子２人組が応援している姿が見えた。かわいらしい声で「あなたはすごいわ。もう半分もきてしまったのよ。あなたならできるわ（You are amazing. You've already done half. You can do it.）」となんとも大人びたことを叫んでいる。オーストラリアの中学生とは皆こうなのだろうかと感心する。将来リーダーシップを発揮して、やり手の管理職になっている姿を想像した。

20キロ地点も通り過ぎ、2時間以上走っているとさすがにお腹がすいてきた。エイドステーションでは水とたまにスポーツドリンクがあるくらいだったが、ジェルがあるところではジェルを食べることにした。ソルテッドキャラメルとラズベリーの2種類があり、両方試してみた。当日の朝ごはんはチョコレートマフィンを半分とプロテインバーを半分くらいしか食べていない。日頃の朝食はコーヒーとヨーグルトかフルーツだから、起きてすぐにパサパサのものは食べる気にならなかったのである。

それと、足の付け根と腰も痛くなってきた。これはマラソン前にきちんとトレーニングしなかった自業自得ではある。ゆるゆるランナーはタイトなトレーニングスケジュールなどなく、空き時間があったら走る程度なのでたいした量は走っていないこともある。ハーフではそれでも乗り切ることはできるのだが、さすがにフルだとハーフを過ぎた時点からあちこちにガタが出てくる。痛いことは考えないようにして、景色を楽しむ努力をすることにした。

レースも後半にさしかかり、ザ・ロックスという歴史地区に入った。ここは1788年、最初の移民船がイギリスからオーストラリアに到着した地で、当時の建物も残っている。その間を走り抜けるとハーバーブリッジが見えてくる。応援隊がいる沿道から「がんばってください」という声が聞こえた。突然の日本語に振り返ってみると、日本人の30代くらいの女性がいた。きっとゼッケンの私の名前を見て日本語で声をかけてくれたのだろう。異国の地で母語の応援は、疲れた時に食べるあたたかいお茶漬けのようなもの。どこかなつかしくホッとできるうれしい感覚だ。その後も日本の旗を持って応援をしてくれている人を見て、あたたかい気持ちになった。私は海外生活が人生の半分以上を占めているが、それでもメイド・イン・ジャパンのアイデンティティは永遠に日の丸に反応してしまうのだろう。勝負日の朝ごはんにはソウルフードである白いご飯に南高梅をのせて食べるように。

25キロを過ぎたあたり、ジョージ・ストリートを走る。前方に見えるのがハーバー・ブリッジ

その後にあったエイドステーションでは飲み物のほか、机の上に袋が開いたジェリービーンズが無造作に散らばっていた。黄色やピンクや緑があって、きれいだった。何か口にものを入れたくなり、色違いのを数個つかんでみた。ジェリービーンズは見た目はかわいらしいけれど、糖分の塊だから今までの人生の中で避けてきたもののひとつである。口に入れてみて、そのおいしさに感動した。体が欲している甘さと、弾力性はあるけど噛み心地のいい食感が両方備わっている。まさに今の私に必要なもの。この時点でこんな裏技を出してくると

は、シドニーマラソンのエイドステーションは素晴らしい。1個ずつ噛み終えるごとにみるみるうちに元気になっていた。

30キロ地点を過ぎたところのダーリング・ハーバーは、ホテルや水族館やショッピングモールもある観光客が多いエリアだ。今日のような快晴の日曜日にはお散歩するにも気持ちいいところである。近づくにつれ多くの観光客が目に入り、シドニーマラソンのことを知らなかった人も立ち止まって応援してくれる。人が多くいるとみっともない姿で走れないというプライドだけは高く、姿勢を正して走るフォームを気にした。私は単純なので、パワー切れの時でも、一人でも声をかけてくれる人がいたらがんばろうと思えてしまう。言葉でそれに応えたいとは思っているが、後半になると声を発するのも一難である。それでも「ウォー」と一声だけ発して右手の拳をあげてみたら、さらに盛り上がって応援してくれた。「サンキュー」よりも「ウォー」の方が言いやすく効果的だということがわかり、その後はずっとその手を使うことにした。ダーリング・ハーバーにかかるピルモントブリッジを渡りはじめるとノリのいいヒップホップの音楽が聞こえてきて、歌や踊りで応援してくれるパフォーマーや音楽に合わせてマイクで歌う小学校高学年くらいのボーイズデュオがいた。後半戦で疲れ気味のランナーもこのかわいらしいデュオの前では笑顔になり、拍手を送りながら通り過ぎた。

ダーリング・ハーバーの先にある埠頭《ふとう》にはレストランやバーが並んでいる。ディナータイムはシドニーっ子が集まるおしゃれスポットだが、日曜日の午前中はひっそりとしていた。ウォーターフロントは平坦で走りやすくランニングコースとしては最適だが、30キロの壁時点の足腰には厳しい。追い抜かれる頻度も増え、ペースが落ちているのはわかるがこれ以上速くは進めない。パワーウォーキングしているのとたいして変わらないペースのジョギングをひたすら続けていた。お気楽ランナーではあるが、ランニングイベントに参加している限り、最後まで「走る」というのは私の参加者としてのルールだ。沿道の応援隊の男性が「ゴー！　ミユキ！」と名指しで応援してくれている。ゼッケンに名前が入れられる期限の最終日に申し込めてよかったとあらためて感じた。ありがたさから満面の笑みと今日ハマっている「ウォー」の右手拳で返したところ、その男性の隣にいる彼女か奥さんらしき女性の困惑した様子が走りながらも目の片隅に見える。「あの彼女は誰？」という声も聞こえた。その後の展開はわからないが、あなたの彼はディテールを見逃さない優しい良い人なのよ、と言いたい。

ラストスパートはハーバーブリッジ下のプロムナードを走り、サーキュラー・キーを通って、ゴールのあるオペラハウスへ向かう。多くの人が「もう少しだよ（nearly there)」と励ましてくれる。シドニーマラソンでよく耳にしたのは「あなたならできるわ（You got this）」という言葉だ。あまり聞きなれないフレーズだが、こういう場面で使うんだと英語の学習にもなった。最後の1キロは両側に溢れんばかりの人が大声で応援してくれる花道である。

ゴールには青い空に映えるオペラハウスが待っていた

「ゴー、マイユキ！」と叫んでくれる女性に手を振った。幼少時を過ごしたアメリカで私の名前はよくそのように読まれていた。「Mi」を「ミ」とは読まず「マイ」と読むのが一般的らしい。「デイ」も「ダイ」と発音するオーストラリア英語はなおさらその傾向があるのだろうか。

遠くに小さく見えていた、オペラハウスのユニークな形の屋根がどんどん大きくなってくる。太陽の光にあたる白いその建物と青い空とのコントラストが美しい。ゴールちょっと前で手を出している子どもたちにハイタッチをしたりして、気分爽快で両手を挙げてゴールのアーチをぐった。タイムは4時間28分。輝くオペラハウスの前の階段には大勢の人が座って観戦していた。

リカバリーテントに直進しりんごとバナナを、その後メダルと完走者Tシャツを受け取る。ゴールボランティアは動く量が少ないからか、高齢者の姿もあった。こういうところで元気にボランティアをしているシニアを見ると、その姿に元気がもらえる。かなり空腹だったためその場でりんごとバナナを両方ともぱくりと食べた。ランナーズハイの雰囲気に包まれた空間をハーバーブリッジの見えるカフェで感じていたかったが、残念ながらホテルのチェックアウト時間が迫っている。

ゴール直後にリカバリーテントへ向かい、栄養補給！

本来は午前11時のチェックアウトのところ、マラソンをするからと午後1時のレイトチェックアウトまで延ばしてくれたが、ほぼ満室だからそれ以上は無理だと言われた。ホテルの入口に着くとＷｉ‐Ｆｉが自動的につながり、メッセージが次から次へと入ってきた。

1時間以内にシャワーを浴び、荷物をまとめてチェックアウトするミッションがあるため全部を読んでいるわけにはいかないが、スーパー台風が香港に近づいて大変なことになっているという内容がほとんどのようである。とりあえずは家族からのチャットだけをチェックし、安全を確認して、残りはチェックアウト後にゆっくりと向き合うことにした。

今回のフィニッシャーズTシャツと完走メダル

シャワーを浴びながら、ハタと思った。香港で現時点でシグナル10が発令されているということは、飛行機は全便欠航か延期しているはずである。香港の台風警報はシグナル1、3、8、10と4段階あり、8以上の場合は交通機関は全てストップし、会社や学校も休みになる。今夜私が乗る予定のフライトが欠航になっていたら、どこか宿を確保しなくてはいけない。とりあえずは手早く身支度を整え、1泊とは思えないほど散らかった部屋にあるものをスーツケースにつめこんだ。

チェックアウトをし、航空会社からのアナウンスがまだ入っていなかったので空港に行く時間までカバンをコンシェルジュに預けた。向かった先はザ・ロックスにあるパンケーキ屋さんだ。ここは以前CAをしていた時の滞在中も通っていたお気に入りのレストランなのだ。完走できたご褒美に、パンケーキの上にいちごと生クリームとアイスクリームがたっぷりとのったストロベリーパンケーキをオーダーした。フルマラソンで消費するのは2500キロカロリーと言われ、それを一気に食べてしまうメニューだがご褒美だから気にしないことにする。10分ほど並んで席に案内され、やっと落ち着いてたまったメッセージに目を通す。

香港に接近中のスーパー台風はマンクットなどというかわいい名前をしているが、相当な被害を香港にもたらしている。ほとんどの窓が割れてしまったビルの画像や人が強風で飛ばされている動画がネット上に流れ、グループチャットでも建物が揺れて怖いとか強風で窓が開いて閉まらないとかばかり。心配になって、家でお留守番している夫にメッセージを送ると、窓から少し水が漏れてくるくらいでたいした被害はないようでホッとした。外出できないから、夜ごはんは夫がクリームツナパスタを作るらしい。

そうしていると「定刻通りの出発」という航空会社からのメッセージが入り、空港に行くことにした。今日の便は2便キャンセルになったが、この便は飛行機を香港に戻さないといけないから飛ばすらしい。時間的にもこの便が到着する頃には香港もシグナル8の警報は解除されている予定だから問題ないようだ。隣ゲートの広州行きの便は出発予定時刻が翌日の午前6時に変更されている。こちらの便も香港の状況を見ながらなので搭乗時間は少し遅れたが、無事に空港のカーフュー（空港の利用時間の制限）で定められた午後11時までに離陸することができた。

ほっとひと息ついて機内のドリンクサービスでシャンパンをいただく。長い一日だったから、ミールサービスの最中に睡魔が襲ってきて知らないうちに眠っていた。どれくらい寝ただろうか、機内アナウンスで目が覚めた。

「急病のお客様がいます。医師か看護師の方は名乗り出てください」

静まり返っていた機内がざわつき始めた。また数分後、操縦室からアナウンスが入った。

「こちら機長です。急病のお客様は緊急を要するため、最寄のマニラ空港への着陸態勢に入りました」

台風の影響で香港に着陸できないことばかり気にしていたが、急患でのマニラへの迂回になるとは。マニラに着陸すると前のドアが開くと同時に医療関係者や空港関係者など、10人ほどが一斉に機内に乗り込んできた。乗客は邪魔にならないように、席に座ったままである。

地上でもパーソナルテレビが観られるため、単に「待つ」という点ではそれほど苦痛ではない。機長が経過を報告するアナウンスを頻繁に行い、何度目かのアナウンスで、そのお客さんが亡くなったということがわかった。詳細は言わなかったが、キャビンクルーは交代しながら30分以上心肺蘇生法を続け救おうとしていたそうだ。チーフパーサーのアナウンスで乗客全員で「私たちの元から去っていた乗客」の冥福をお祈りした。目的地を前に帰らぬ人となるなんて、まさか本人もシドニーでそんなことは覚悟していなかっただろう。元クルーとして、機長をはじめクルー一同の冷静でプロフェッショナルな緊急事態の対応に敬服する。研修では一通りのシチュエーションに備えての訓練を受けるが、実際に緊急事態に直面するとその通りに行動するのは難しいことだと思う。海外ランで飛行機に乗るとこういうことも起きるのだと、改めて心に刻んだ。

台風も遠ざかって香港の空港は着陸許可が下りるようになり、搭乗ゲートも混み合っていた。家までの道のりは木があちこちに倒れ、3日前に見た景色とは変わっていた。マンクットの爪痕は痛々しく、地球の叫びにすら見える。今回の弾丸機内2泊、現地1泊のシドニーマラソンは考えさせられることが多い旅行だった。

Entry No.7

ネパール

マルチデイ ウルトラマラソン

開催地：ネパール・ベシサハール
参加年：2018 年 11 月
参加距離：60km

「マルチデイレース」というものの存在を知ったのは、このレースに参加することになってからのことである。レースというのはスタートしてからゴールするまでタイマーの時間が刻々と刻まれていくものだとばかり思っていた。私が普段参加する10キロレースも夫のカートが参加している500キロレースも、スタートしたらその後は何をしようがタイムは止まらない。だが、アクションアジアという香港を拠点としたレース主催者が開催するマルチデイレースは、それとは様子がちょっと違うようである。

当然といえば当然だが、このレースに関する情報はアドベンチャーレースおたくのカートが探してきた。彼はこれまでにもこのオーガナイザーが主催するシンガポールや台湾や中国のレースに参加している。

「10月末って何もないよね。ネパールに走りにいかない？」

夏前にそんな曖昧な誘い方をしてくるカートに対し「うん、いいんじゃない」と曖昧に答えた私が我に返ったのは、距離の選択をする時だった。

「100キロと60キロ、どっちにする？」

どっちも嫌だ。私はがんばって走って42キロのフルマラソンが精一杯で、それ以上は過酷すぎて楽しめないどころか体が壊れてしまう。フルマラソンの翌日ですら体の節々が痛くて階段を下りるのも大変なのに、それ以上の距離なんてありえない。そんな私の心配など完全に無視して、夫はいとも簡単そうな口調で言う。

「3日間のマルチデイレースだから大丈夫だよ。1日20キロずつを3日で走る60キロか、1日目と2日目を40キロ、最終日は20キロ走る100キロか」

「60キロを選ぶとしたら、ハーフマラソンを3日続けて走る。100キロはフルマラソンを2日続けて走って、3日目にハーフマラソンをするってことだよね?」

「まあね。午前中走るだけだから、午後に休めばノープロブレム」

これはそんなに大変なことではなく、私が過剰反応しているだけなのか? 自分の感覚に自信が持てなくなってくる。100キロのレースに変更したかったら開催日の1週間前までにその旨を主催者に伝えたらいいそうなので、とりあえず60キロで申し込んでおく。いろいろ泣き言を言ったが、100キロの方が40キロ分ネパールを多く見られるからできればそうしたい気持ちはある。しかし体力的に無茶だと判断し、60キロをじっくりゆっくり楽しみながら見る方がいいだろうということで落ち着いた。カートはもちろん何のためらいもなく100キロに申し込んだ。

まだまだ時間があると思っていたのに夏は目まぐるしく過ぎていき、気が付いたらネパールマラソンの開催日が来週に近づいていた。ここ1か月はトレーニングといえるほどのものはしていないが、タイでトレッキングをしたり香港で短距離レースに参加したりはしていたから、体力的にはきっとなんとかなるだろう。

その頃に主催者から送られてきたレースのパッキングリストを見て、これは真剣に参加するレースだと感じた。レース中に背負って走る必需品が長々とあるのだ。1・5リットルの水分が入るブラダーかボトル、救急袋（ガーゼ、包帯、消毒液、鎮痛剤）、レインジャケット、250キロカロリー以上の非常食、笛、コンパス、浄水タブレット、これらは必要最低限のものだ。ネパールの山奥で1人で迷子になっても12時間はサバイバルできるように、ランナーの命の安全を考慮したうえで作られた必需品リストなのである。

ネパールに行く前の週末、カートとレースに必要なものを買い出しに行った。今までのランでは家に転がっているもので間に合ったが、マルチデイレースとなるとそうはいかない。短いトレイルランではキャメルバックを背負って走っていたが、脇がこすれて傷になり痛いから、レースベストを新調することにした。また、身に着けるもの以外に重要なのはランの途中に摂取するカロリーだ。パワージェルやドリンクに入れるパウダー、パワーバーはランナーによって好みや効果が違う。調子をよくするものもあれば気分が悪くなるのもあり体との相性がある。カートはお気に入りのジェルの2種類の味を選んだ。同じ味を摂り続けると飽きてしまうから舌に変化を与えるため交互で摂るそうだ。私は以前100キロウォークの時に食べたグミタイプのカフェインがしっくりきたからそれを4袋買った。1袋10個入りのラズベリー味とコーラ味の2種類があれば足りるだろう。エイドステーションでは沸かし水と果物しかないようだから、ポカリスエットのパウダーも購入した。

近所の子どもたちが仮装をしてトリック・オア・トリートに繰り出していくのを横目にエアポートバスに乗り、ハロウィンの夜に空港へと向かう。夜便は仕事を終えてから乗れるので時間を有効活用できるのがいい。すっかり慣れた香港国際空港だが、カトマンズ行きの飛行機の搭乗待合室は羽田便やニューヨーク便とは雰囲気が違う。香港にもこんなにいるのかと驚くくらいのネパール人がいて、乗客の半分くらいがネパール人、恰好からトレッキングやアウトドアを目的に行く乗客が半分くらいである。香港からカトマンズへの飛行時間は約5時間で、2時間15分という計算しにくい数字の時差もある。カトマンズの空港は入国審査もセキュリティーも荷物検査も全てが混み合っていた。観光ビザは到着ロビーで機械から購入することもできる。比較的早く全てをクリアした私とカートは、この便で到着する他27人のランナーを待つ気力はなく、お迎えバスには乗らずにタクシーを手配して街中へのホテルへと向かった。チェックインしたのは夜中12時を過ぎていた。

翌朝、午前9時半にレースの参加者65人が目的地へ大移動するため大型バス２台と小型バス２台に分かれて乗り、山と谷と村をいくつも越えた。目指すはカトマンズから１７３キロ離れたところにあるガンダキ県ラムジュン郡にあるベシサハールという町だ。道路はコンクリートだが穴だらけ、ガタンガタンと揺れまくり読書をすると車酔いしそうになる。せっかくだから窓の外に広がるネパールの景色をボーッと眺めることにした。濃い緑や赤の民族衣装をまとった女性が店番していたり、ヤギがバスの荷物入れにカバンと一緒に乗せられていたりとどこか冒険本の世界を見ているようで飽きない。とはいえ約6時間のバスの旅はそれほど快適ではない。

カトマンズから70キロほど走ったところでランチ休憩をとった。トレッキングのメッカであるポカラへも続くこの道を利用するのは外国人観光客が多く、川沿いにあるそのレストランは観光客向けのビュッフェスタイルになっていてネパール料理ではあるが香辛料は控え目のカレーや野菜だった。さっそくビールを飲み始めているランナーの姿もあったが、バスにも道中にもトイレがないからランチでのビールは見送ることにした。同席したフランス人男性は60キロに、パートナーの女性は１００キロに参加するそうだ。私たちとは逆のパターンだが、距離を選べるとカップルで参加できる率も高まっていい。テーブルを拭くティーンエイジャーの男の子たちが人懐っこく、「名前は何？」「どこからきたの？」と一生懸命に話をしようとしていた。1時間の休憩後、残り100キロ以上の後半戦に挑む。

ベシサハールのホテルにチェックインしたのはもう真っ暗になってからのことだった。マルチデイレースは毎晩、翌日のコースの説明をするレースブリーフィングがあり、それまでの1時間弱で食事をとる。町のレストラン散策は後日にとっておいてホテルのレストランでネパール料理のモモとタルカリを食べた。モモは日本の蒸し餃子のようなもので、カレー味のソースにつけて食べる。レストランによってソースの味は違うようだが、日本人的にはラー油としょうゆにつけていただきたいものだ。タルカリはネパール料理の定食のようなもので、ごはんと一緒にスパイス味のカリフラワーやカレーがついてきた。あれほどウェイターさんに「辛くないよね？」と確認したにもかかわらず、スパイスが効いていて辛さはある。私は本来辛口が大好きだが、レースの前日は少し慎重になる。トイレもない大自然のなか、お腹ピーピーになることほど悲惨なことはない。このピリ辛さに合うのは、とついついローカルビールのゴルカビールも追加オーダーした。

ブリーフィングではじめてレース参加者の顔合わせをする。香港、シンガポール、イギリス、フランス、ドイツ、イタリア、スイス、ベルギー、アメリカ、オーストラリア、ニュージーランド、フィリピン、中国、そして私が唯一の日本人という顔ぶれで、いろんな国の出身者が集まり、まるで「小さな世界」だ。コースの地図を渡され、まずはタフな100キロレースのコースを説明し、チェックポイントの場所や給水地点を確認する。給水地点の距離によって最初に何リットルの水を入れるかなどを決めるのだが、それは少しでも軽い方がその分速く走れるからだ。

その後60キロのコースの説明に入る。私が走る60キロのコースはカートが走る100キロのコースとかぶっていて、60キロ組が第1チェックポイントで引き返すところを100キロ組はもっと先まで突き進み、その後もあとひとつ余分に山越えをするようだ。100キロと60キロの参加者は半々のようだが、話をしてみるとマルチデイレース経験者は多い。彼らが「モンゴルではこうだったのよ、カザフスタンではね……」と英雄的体験談をしている中、私といえば「ねえ、迷子になったらどうしたらいいの？」という初歩的なことを聞いていた。マルチデイレース体験者の先輩によると、コースには目印となるピンクのリボンが葉っぱに結ばれているから心配はないとのことだった。曲がる時は地面に大きな赤い矢印があって、黄色いＡＡＥ（Action Asia Event）のサインもあるそうだ。安心はしたが、もしリボンが風に吹かれてなくなっていたら、矢印が消えていたらなど想像するとやはり緊張は解消されない。いざとなったら最寄りの村に行って、助けを求めることにしよう。ネパールの村の人たちは親切に違いない。翌日に備えて、午後10時にはベッドについた。

目覚まし時計をかけたのは午前6時だが、そのずいぶんと前から目が覚めていた。天井ファンのグワングワンという音と外から聞こえる犬や鶏の鳴き声で、あまりよく眠れなかった。レースに向けての興奮もあるのかもしれない。午前4時ごろには祈りのためなのかスタッフの起床時間なのか、ローカルな音楽も聞こえてきた。鶏は明け方に鳴くと思っていたのだが、ここの鶏はどうしたことか草木も眠っているはずの丑三つ時には起きて鳴き始めている。そして満月でもないのに、どうして犬は何時間も切なそうな声で吠え続けるのだろう。不思議なことがいっぱいなネパールの夜だ。

朝食はホテルの食堂で午前6時半から食べることができる。このホテルはレース参加者で満室で、徒歩5分の距離にあるホテルに滞在している参加者もいる。お腹を空かせて待っていると、後からきたレース参加者に「部屋番号を言ったらいいのよね？」と聞かれた。どうやら昨夜、バナナパンケーキかポリッジ（オートミールのお粥）のどちらを希望するかに印をつけるリストがあって、そこに部屋番号を記入しないといけなかったらしい。カートはレース前にいつも食べるオートミールを持参しているからいいが、私はここの朝食を食べないと他に食べるものがない。きっと多めに焼いているにちがいないと思い、ビュッフェ形式で並んでいるパンケーキを3枚お皿にとった。1枚はカートにあげようと余分に取ったのにオートミールだけで十分だという。食べすぎると消化にも時間がかかって、走り出して腹痛を起こすかもしれないそうだ。残すわけにもいかず3枚ともたいらげ、普段は朝ごはんを食べないから一気に体が重くなったように感じた。

レースベストに入れる1リットルのブラダーには水を入れ、500mlのソフトボトルには水とポカリのパウダーも混ぜた。ソフトボトルは今回初めて使用するが、ふにゃふにゃしているから体の形にフィットして違和感がない。長距離ランをする人はソフトボトルを好む人が多いそうだ。ほかに10個入りのカフェイングミとフルーツバーを手前の取り出しやすいメッシュ袋に、緊急時グッズとジャケット、それから吸入とポカリのパウダーをバッグに入れ準備万全！

スタートラインに立つランナーの恰好は様々だ。ジャケットを着ている人もいればノースリーブの人もいる。午前7時半の気温は20度を下回っているが、日中になるにつれ気温は上がるだろう。私は半袖にアームウォーマーをし、長いコンプレッションパンツの上に短パンをはくというスタイルで満足していた。コンプレッションパンツはレース後にはくと効果があるそうだが、精神的にレース中にはいていた方が効果があるような気がする。

スタート地点に集うランナーたち。思い思いの格好をしている

スタート前には集合写真を撮り、みんなでカウントダウンをしてレースがはじまった。このレースにはタイムチップという今どきのものはなく、チェックポイントごとにいるスタッフが手書きでタイムを記入してくれるという温かみがあるものだ。ホテルの敷地内を出て、町の大通りを走る。午前7時半の大通りは車がひっきりなしに通り、砂埃が肺にくっつきそうでアームウォーマーで口をおさえる。はじまって5分もしないうちに急斜面の登り坂と村を通過する階段が続く。これは山を走るトレイルランニングのレースであって、平坦な道路を走るロードマラソンではないのだと気

持ちを新たにした。

　村にある家はピンクや水色の壁をしており見ているだけで楽しくなる色合いだ。スタートしたベシサハールの町並みが小さく眼下に見える頃には汗もかき、アームウォーマーをはずした。目の前に広がる畑の遠く彼方には白い冠の山が見える。他のランナーの姿は見えなくなり、私はまさにネパールの大自然と向き合っていた。迷子にならないように必死にピンクのリボンを探しながら、早歩きをした。登りは早歩き、平坦や下りは走るつもりだったが、平坦を走ってみたものの息切れがする。がんばりすぎると過呼吸になりそうなくらい息をするのが辛い。もう少し体力があるはずなのにおかしいな、と思った時にふと気が付いた。ここは標高１２００メートルなのだ。高度が高いところでは歩くだけでも息をするのが苦しい。距離はハーフマラソンだけど、アップダウンも激しく、高地でのトレイルランニングは私が想像していたよりも過酷なものなのだということにその時はじめて気が付いた。だからといって、続けるよりほかない。走るのは諦めて気持ち程度の早歩きをすることにした。タイムよりも景色や経験を楽しみながら完走するのが今回参加した目的だ。

　スタートして６キロを過ぎると標高１２９４ｍのバグルンパン村があった。家の外に座っている村人に「ナマステ！」と挨拶した。昨日レストランでテーブル拭きをしていた男の子が、ネパールの挨拶だと教えてくれた言葉だ。白髪の腰を曲げたおばあさんはニコッと歯を見せて「ナマステ」と言いながら合掌し、軽く頭を下げた。私もそれを見習い合掌して会釈した。日本でも言葉だけでなくお辞儀をするという礼儀作法があるように、ネパールでは合掌もした方がよさそうだ。向こうの方から数人の小学生が私めがけて子犬のように走ってくるのが見える。私の目の前でとまり「ハロー」と手を振ったり、かわいい小さな手を出してハイタッチをする。大きな薄茶色の瞳は好奇心でキラキラしていた。子どもたちと同じ目の高さになるようにしゃがみ、みんなの名前を聞いてみた。フルネームを教えてくれているのか、ネパール語の名前は長くて覚えられない。私の名前も教えてあげた。50メートルくらい一緒に走った後、学校に行くからとバイバイして反対方向へ行った。

一生懸命走ってくる地元の子どもたち

第1チェックポイントはさらに2キロ進んだ地

点にある山のてっぺんにあるカドル村にある。スタッフが記入したタイムの横に自分の名前のサインをする。水とバナナとみかんがあったが、どれも取らなかった。村の給水地点の水は村人が水道水を沸かして冷ましたものだから、敏感な人は味が気になるかもしれないとブリーフィングでは言っていた。このチェックポイントまでは１００キロも60キロも同じコースだが、１００キロはこの先も進み、60キロは折り返して１キロのところにある分岐点まで戻り、ナジャレ村へと山を下る。来た道を折り返し歩いていると、さっきの子どもたちの姿があった。「ミユキ！　ラン！」と歩いている私を見て一緒に走ろうとしてくれている。健気に応援してくれている子どもたちを見ると「そうだね、走らないと！」という気になって、登り坂も走ってみた。すると子どもたちはついてこられなくなって、バイバイと手を振ってわかれた。

第一チェックポイント。水や果物を受け取れる

分岐点まで戻り、長い階段を下りた。ここはハイキングトレイルではなく村人の生活するところだから、階段の幅もネパール人の村人サイズなのか一段ごとが狭い。景色を見たいけれど、それで踏み外しても困るので階段だけに全神経を集中させた。途中何かの植物の棘が腕と指にささり、まるで蜂にさされた時のようにチクチクと痛みだした。ネパールの山にはどんな植物が生息しているかわからないから、傷ついたらすぐその場で消毒するようにとブリーフィングで言っていたのを思い出した。そのために緊急グッズのひとつとして消毒液がある。どうしようか迷ったが、ゴールまでそう遠くはないはずだから、早くゴールにたどり着いてそこにいるメディカルスタッフに消毒してもらうことにした。畑に囲まれたのどかな風景のなかに、意地悪な植物もいるものだ。

心臓の鼓動が速くなり、指の傷に心臓が移動したかのように、そこもバクバクしている不思議な感覚のまま走った。不

石の階段を下る。遠くにはネパールの山々

安になり早くゴールにたどり着こうとスピードアップした途端、ドスンという鈍い音がして目の前が地面になった。平らな泥道なのに顔面から転んでしまったらしい。よほどすごい音がしたのか、近くの家の中にいた女性が２人出てきて心配そうな顔をしている。ベストのポケットに入っていた携帯は落ち、両ひざからは血がでていた。手のひらにもかすり傷がついている。後ろから来たランナーも立ち止まってくれた。大丈夫だったら早く起き上がらないと、まわりの人に心配をかけてしまう。携帯は無事だったが、コンプレッションパンツには大きな穴がふたつ開いていた。つい先日も転んで破れてダメにしてしまったのに、またやってしまった。数分歩くとチェックポイントがあり、気を取り直してバナナをゆっくり食べた。お腹が空いていて足が絡まったのかもしれない。カフェイングミも口に入れた。

次第にペースを取り戻し、前のランナーに追いついてしばらく話をしながら早歩きをした。彼女は去年モンゴルの１００キロに挑戦したとかで、マルチデイレースは一度やると病みつきになると言っていた。それでも１００キロはひたすら走るだけで楽しみはないから、今回のネパールは60キロに参加して、もうちょっと周りを見ながら走るつもりだそうだ。下り坂にさしかかると私はジョギングをしはじめた。坂を下った先にある吊り橋を渡るとバス停があり、そこからゴールまでの道のりは上りが続くが、ラストスパートだと思いありったけの力を出して駆け上った。坂をのぼりきるとスタート地点でもあるゴールのホテルですでに終わったランナーとスタッフが拍手で迎えてくれた。タイムシートによると、私は9人目にゴールしたらしい。早速メディカルスタッフに傷を消毒してもらい、塗薬をつけて絆創膏を貼った。棘がささった腕と指には消毒液をたっぷりとかけてもらった。もし吐き気や頭痛がするようだったらすぐに言うようにとのこと。それを聞いていた他のランナーが、自分も棘がされって同じ状況だと言っていた。

マルチデイレースで大事なのは、その日のうちに体を回復させることだそうだ。レース後30分以内にはプロテインが入ったリカバリードリンクを飲み、とにかくストレッチをたくさんする。靴は湿っているとマメができる原因となるので、すぐに脱いで日の当たるところで乾かすこと。そして一番重要なのは、レース期間中はとにかく水分をたくさんとることだ。

ホテルの敷地内でスポーツマッサージをしてくれるとの案内があり、さっそく予約を入れた。汗まみれ血まみれのままだとマッサージ師に申し訳ないので、カートのゴールを待たずにシャワーを浴びに部屋に戻る。さっぱりしてゴールに戻ると、カートがストレッチしている姿があってびっくりした。私の倍の距離を走り山を越えたのに、1時間もしないうちにゴールしているなんて速すぎる。彼は1位でゴールし、2位とは30分の差があったようだ。負けず嫌いな彼は初日からぶっとばして2位との差をつけたかったらしい。優勝は3日間のタイムを合計した総合タイムで決まるため、初日に差をつけておくとその後は大怪我や棄権をしない限りステータスを確保することができるという戦略なのだとか。

ホテルの敷地内の芝生エリアはストレッチをしているランナーで埋まっていた。慣れているのかマッサージボールも持参している。冷たいプールに足や腰までつかっている人も多い。聞くと、これも翌日筋肉痛にならないための水圧マッサージ効果があるそうだ。プールサイドに座りながらビールを飲んでいるランナーは日頃鍛えているに違いないぺったんこのお腹をしていて、手足にもほどよい筋肉がついている。なんて美しいカラダの持ち主集団なんだろうと、芝生でストレッチしながら羨ましく思う。中華系カナダ人女性と1時間以上おしゃべりしながら、念入りに体全体を伸ばした。彼女は数年前までは真剣なランナーだったけど、足を痛めて手術し、走れなくなってしまったという。それでも早歩きや小走りはところどころでできるから参加したそうだ。

マッサージ直後から始まった頭痛がひどくなってきて、痛み止め薬を飲む。原因は水分不足だった。一度も給水地点で補給をしなかったのに、ソフトボトルの水にはほとんど手をつけていなかった。レース中は喉の渇きを感じなくても常に水を飲み続けないといけないそうだ。必死に走っていると、水を飲んだり、ジェルをとるのを忘れてしまいがちだが、気を付けないと翌日に響いてしまう。

夜のレースブリーフィングでは翌日のコースの案内と、今日の各距離の男女トップ3位の発表があった。カートをはじめ名前を呼ばれたトップランナーたちは驚くほど謙虚だ。そこがすこぶるかっこいい。他のレースでもよく目にするが、優勝者はメダルもトロフィーも目立たないようにすぐにカバンにしまう。カートによると見せびらかすものではないと言うが、今まで3回しかトロフィーを手にしたことがない私は、「私がんばったのよ」と世界中の人に見せびらかしたくなる。ブリーフィングを終え、明日のために部屋に戻った。

【レース1日目：走行距離／21・4キロ　所要時間／3時間14分　標高差／1436ｍ】

昨日に比べて心に余裕ができたのか、早い時間に鶏のコケコッコーが聞こえても犬の鳴き声が聞こえても、こういう非日常的な起こされ方も悪くないと思えた。普段起こされる電子音に比べて、自然に起こされるのは気分がいい。カーテンが明るくなるまでベッドで身動きもせずにボーッと考え事をしていた。ベッドから出るときも階段を下りるときも筋肉痛はない。筋肉をもみほぐして刺激を与えるスポーツマッサージとストレッチはこんなに効果があるのかと驚いた。頭痛は治ったが、棘が刺さったところは赤くなってまだジンジンと痛む。昨日はゴタゴタ状態だった朝食会場も今日は開始時間前に段取りよく食べ物と飲み物が並んでいた。ある香港人女性は持参したカップラーメンにお湯を注いでいて、おいしそうな臭いにつばがでた。バナナパンケーキもおいしいが、アジア人のソウルフードであるカップラーメンとは一味違う。もしマルチデイレースをまたする機会があれば、マイカップラーメンと味噌汁も忘れずに持ち物リストに入れようと思った。

午前7時半、昨日と同じように参加者全員で10からカウントダウンをして走り始めた。前日に比べると気温が高く、Tシャツ短パン姿のランナーがほとんどだった。ホテルの敷地内を出るとすぐ、100キロランナーは右へ、60キロランナーは左へ曲がる。分岐点で「楽しいレースを！」と声をかけあってそれぞれのコースに進んだ。

村を通過すると下り坂が続き、川に出た。橋を渡ったあとも、飛び石をうまく利用して靴を濡らさないように渡る。アドベンチャーレースでは川底を靴のままで走ったりもするが、濡れた靴で走り続けるとマメができるから翌日もあるこのレースでは濡らさないように時間をかけて渡る。泥の平坦の道に出るとランナーの数がやたらと増えていることに気づく。ゼッケンを見てみると黄色の100キロランナーと緑色の60キロランナーが同じコースを走っていた。今日のコースは100キロランナーの後半のコースが60キロランナーのフルコースになっているが、こんなに早く再会するとは。目印のピンクのリボンは葉っぱに結ばれているが、どちらかが間違えているのかもしれないと疑問を持ちながらも、誰もが自分は間違っていないと信じて走り続けた。

調子よく走っていると3キロ地点でレーススタッフに「60キロランナーは引き返すように」と言われがっくりした。どうやら100キロランナーに別れを告げてから200メートルくらいのところにある分岐点を見過ごしてしまい、右に行くはずが左に行ってしまったようだ。トップランナーはさらに先まで走っていたからさらなる距離の引き返しとなる。走る気になれず歩いて分岐点まで戻ってみると、道にはわかりやすく赤い矢印があり、黄色いAAEのカードの矢印も右を向いている。1人で走る時は迷子にならないように必死に目印を探しながら走るのだが、集団でいるとまわりを見ないで前の人についていってしまう。集団心理とはおそろしいものだ。

自分たちのミスとはいえ6キロも余分に走らされたが、周りのランナーたちは文句を言うどころか「いいウォームアップになったわね」と前向きなコメントをしていた。もう一度気

階段を上ったところで携帯を構える子どもたちが待っていた

合を入れ直し、歩いているランナーたちを追い越しながら少しずつ順位を上位に持っていこうと努力する。のどかな田園風景が広がり、赤や緑のカラフルな服を着て働く女性の姿がみえる。彼女たちの目に呑気に走っている私たちランナーはどのように映っているのだろうか。

第1チェックポイントになっている標高1173メートルのシダバリ村は、長い階段を登り切ったところにあった。階段の上で小学生くらいの子どもたちが携帯カメラを向けて待機していたので、その姿を見てダッシュで登ると大歓迎してくれる村人たちが座っていた。自分の名前の横にサインし、バナナを食べる。昨日の教訓を生かして今日は水分をこまめにとっていたからソフトボトルの水はなくなっていた。スタッフが水を入れてくれている間、村人が額に祝福を表すティカの赤い斑点をつけてくれ、マリーゴールドの花をプレゼントしてくれた。なんて素敵なサプライズ！　登りが続いて疲れ始めていたのがすっ飛んで、テンションがあがって足取りが軽くなった。マリーゴールドは太陽の色を感じさせてくれて、髪の毛を束ねているゴムに刺して落ちないように固定した。

さらに上りがひたすら続いて気持ちが滅入りはじめたとき、トップランナーの3人に追い抜かされた。彼女たちは私よりも2キロ以上多く走っているにもかかわらず、軽々と階段を駆け上っていく。追い越すときも無言ではなく「調子はどう？　今日のランはちょっと長くなっちゃったわね」と労いの言葉とユーモアを忘れていない。素敵なのはその振る舞いだけでなく、服装も薄いピンクのタンクトップとピンク縁のサングラスに黄緑色のスコートを着用していてなんともお洒落なこと。トレイルランの女子ランナーというとお洒落やファッションとは無縁なイメージがあるが、ここの参加者はランニング中も独自のおしゃれを楽しんでいる素敵な心意気の持ち主だ。

頂上に着きしばらく平坦な道を走ると、ネパールの絵葉書によくでてくるカラフルな色が連なった祈りの旗が見えてくる。そこをさらに進むと第2チェックポイントがあった。ソフトボトルの水がなくなり、ブラダーも半分以下だから給水する気満々だったのに、そこにいたのはタイムを記録する青年だけ。「水はないの？　もうあんまり残っていないの」と告げ

旗がはためくネパールならではの風景

ると、彼は自分の水を差し出してくれた。カンカン照りの日陰のないところに何時間も立っている彼にとっては命の水ではないか。ありがたくて涙腺がゆるみ、気持ちだけ受け取って何度もお礼を言った。このチェックポイントは折り返し地点で、約1キロは同じ道を戻る。後からくるランナーとすれ違うたびに「グッジョッブ」と声をかけあう。香港人で片言の日本語が話せる女性は「がんばってください」と日本語で応援してくれた。異国の地で異国の人に日本語で声をかけてもらうのは何て嬉しいのだろう。

下りが続き、次にたどり着いた標高1216メートルのヒレ村のチェックポイントには水とバナナとみかんがあった。水をボトルとブラダーに入れ、バナナを食べた。持っていたグミとフルーツバー2本はとっくの前に食べきっていた。またすぐに走り出すと、その先の1人がギリギリ通れる幅の土のトレイルは牛使いのおじいさんと角のある牛が占領し、のんびりと時間をかけて歩いていた。急かすことも抜かすこともできないから、その後ろで同じスピードでまわりを見渡しながら歩くことにした。下りや平坦な道は前だけを見て走っているから、景色を十分に見ていない。分かれ道で牛とおじいさんは左へ行き、私はピンクのリボンが導いてくれる右へ行った。しばらくすると今度はヤギ使いとヤギ5～6頭がいた。ヤギは小さいし角もないから、横を通って追い越すことにした。ヤギはアップで見ると、優しいお爺さんのような顔をしている。ヤギ使いのおじいさんも、やさしい顔をしていた。

トレイルを歩く牛使いのおじいさんと牛。後をついて歩く

動物エリアをクリアするとドッと疲れが出てきて、村の平らなコンクリート道も走る気力がなく歩いていた。それを見た村の子どもたちが「RUN!（走って）」と言って横に来て一緒に走ってくれる。最年長の10歳くらいの男の子は私のゼッケンにあ

再び、現地の子どもたちとのふれあい。いつも元気をもらった

る日の丸を見て、「日本のどこから来たの？」と聞いてきた。香港に住んでいる日本人と説明することもないから「東京だよ」と答えると、すごくうれしそうな顔をして「ぼくのおじさんも東京で働いているんだ」と言った。私が走り出したのを見届けて安心したのか、子どもたちは「バイバイ」と手を振って村の方へ戻って行った。ありがとう子どもたち！

　とはいえ、走りたいのは山々なのだが、体がついていかない。もうゴールも近づいているが足が重くて、腰も痛く、力がでない。気力はあるが無力なのだ。橋を渡ってラスト１キロの坂では２人に追い抜かされた。悔しくてなんとか追いつこうと早歩きをしてみるが、早く進めない。カラダにあるエネルギーは全部出し切って、カロリー不足の状態になっていた。

　それでも最後の２００メートルは走ってゴールに向かった。ゴールすると足がイカのようにくねくねになって、立っているのもつらい。ホテルスタッフが持ってきてくれたコーラを一気飲みすると生き返った気がした。コーラはラム酒を割るときくらいしか飲まないが、なんておいしいソフトドリンクなんだろう。泡と甘さがカロリーを求めている体中に広がっていくのが心地いい。今までの人生の中で飲んだどの飲料よりもおいしく感じた。後で聞くと、このコーラは分岐点で違う方向に行ってしまって約8キロ多く走った私たちへのオーガナイザーからの差し入れだったのだ。

最後の坂で抜かされたスイスから来た女性に「昨日といい今日といい、あなたは私の前で走っていて私のインスピレーションだったわ」と言われ恐縮した。確かに私は前で走っていたけれど、ラストスパートで最後の力を出し切って私を追い抜いたのは彼女なのだから彼女の方が私のインスピレーションだ。長い距離のランでは、前にいるランナーの存在が大きいのは事実である。ちょっと苦しくなってきた時、もし前のランナーが歩き始めたらつられて歩いたり、反対に前のランナーが走り続けたら自分も、と走り続けられることもある。

翌日はレース最終日。この村での最後の晩餐は、村のレストランでモモを食べた。アルコールを飲まないつもりでいたが、最後のレースブリーフィングの前に同席した上海在住のフランス人と中国人夫婦との話が盛り上がり、ネパールのビールで乾杯した。彼はいろんな国のトレランやマラソンに参加していて、その中でも最近おもしろかったのは北朝鮮マラソンだと言っていた。ツアーでしか参加できず行程が全て決められているマラソンで、ゴールは5万人収容できるスタジアムになっており全員で応援してくれる歓声に圧倒されたそうだ。体を乗り出して聞き入っている私たちの次のレースになるかもしれない。

【レース2日目：走行距離／27・6キロ　所要時間／5時間5分　標高差／1638ｍ】

最終日は、100キロランナーも60キロランナーと同じ距離とコースを走る。帰りの時間を考慮して予定よりもコースが短くなり、過去のタイムでランナーを振り分け、タイムが遅いランナーが6時半スタート、速いランナーが7時スタートとなった。ゴールした順からバスに乗り、カトマンズへ戻ることになっている。私は7時のスタートグループに入っていたが、カートが終わるのと同じタイミングでゴールしてカトマンズ行きの最初のバスに乗りたいと説明してスタート時間を変えてもらった。私たちはその夜のフライトで香港に戻るから早めにカトマンズに着いて、表彰式の前にタイキとキミのキャンプ用ショッピングをするつもりでいたのだ。カトマンズー香港間のフライトは毎日運行ではなく、もし今夜の便に乗れないと次は翌々日の夜発になる。参加者の8割以上はレース後にカトマンズでのホリデーを兼ねている羨ましいランナーだったが、私たちは少数派だ。

　スタート地点からは雪の冠をかぶった山が朝日を浴びてオレンジ色になっているのが見える。この光景を拝めるのも今日が最後で名残惜しいが、忘れないよう目に焼き付ける。7時スタートのランナーたちに見守られるなか、6時半スタートのランナーは一足お先にスタートした。早く戻ってきてバスに乗りたい一心で、先頭ランナーにぴったりくっついた。階段はさほどなく、砂利道のカーブをジグザグしながらゆっくり上へとのぼっていく。角を曲がるたびに山脈や村の景色が少しずつ顔色を変え、毎回立ち止まって写真を撮った。写真を撮らずにはいられない風景に囲まれているのである。空も青く、これぞネパールという「村と雪山」の写真を撮る絶好のチャンスだ。村にいたおじいさんは両腕を前後に動かす動作を繰り返し、歩いている私に走るようにと

いよいよ最終日。さっそく砂利道をのぼっていく

ジェスチャーしているようだった。私も下に向かって指さし、両腕を動かし、下りは走るねとジェスチャーで返した。

道端に立っていた6歳くらいの男の子に「どこに行くの？」と聞かれた。「わからないけど、上の方よ」と答えていると、それを聞いていた前にいたランナーが「いつも上だよね」と大笑いしていた。ネパールのレースなので心づもりはあったが、ここまで毎日山を登るとは思わなかった。だが山を登ったからこそ出会うことができた、山岳地帯の村に住む人たちと心に残る風景がある。ネパールに暮らす人々の生活の一面を見ることができるレースコースを考えてくれた主催者に感謝したい。このレースでは1人で走っている時間が長く、広大な大自然の中、自分の心を見つめることができた。迷わないように途中の村で道案内をしてくれた、村に住むボランティアのティーンエイジャーたちは礼儀正しく応援してくれた。チェックポイントやゴールで記録をしてくれたスタッフはカトマンズのホテルから私たちのお世話係をしてくれている。村の子たちにも励まされたなあ、とレースの締めを頭の中で考えながら歩いていると、いつのまにかチェックポイントについていた。今日はここ1つしかチェックも給水も果物もない。ここから来た道を折り返してゴールに向かう。

チェックポイントには見晴台があり、最上階の3階まで上ると山岳風景を360度見渡せる。昨夜のブリーフィングで、最終日は最高の景色をプレゼントすると言っていたのを思い出した。深く深呼吸をし、おいしいネパールの空気を吸い込めるだけ肺に吸い込む。写真を数枚撮ったところで、後ろ髪を引かれる思いでその場を去った。

最後のチェックポイントで出会った最高の景色

それから10分もしないうちに7時スタートしたトップランナーとすれ違った。「わお。あなためちゃくちゃ速いじゃない！」と言うと「朝ごはんが終わる時間に間に合いたくてね」と冗談っぽく走り去った。その後5分くらいすると、カートが倒れそうな顔をしてポールを使いながら登っている姿があった。この人はいつも十二分の力を出してレースに挑んでいるのだ。「グッジョッブ。もうちょっと行ったらチェックポイントよ」と励まし、私も前へ進む。次々と7時スタートの速いランナーたちが現れ、そのたびに「すごくきれいな景色だから」とちょっと得意気に声をかけた。チェックポイントの折り返しから20分くらい過ぎた頃、７時スタートのトップランナーに追い抜かされた。彼のスピードは超特急並みだから30分差くらいではすぐに追いつかれてしまうのだ。

足は３日間のレースで多少の疲れは感じるけれど、筋肉痛はない。昨日できはじめたマメは破れないように絆創膏を貼った上からテーピングしたからか、痛みは感じない。ゆるやかな下りは私の一番得意とするランニングコースだから、私としては速く走っているつもりではいた。数人の村人が道の両脇に座って「あなたは女性の1番ランナーだよ」と言って大きな拍手をしてくれる。実は私は30分のハンディーがあるから1番ではないのよ、と思いつつも「ナマステ」と合掌して笑顔で走り去った。勘違いとはいえ、「1番！」はなんていい響きなのだろう。きっと優勝者はこの快感を知っているから、トレーニングをして1位を目指し続けるのだろう。カートが順位にこだわるのも少しわかった気がした。

山を下りきって川に出ると、橋の手前でカートと後ろからきた毎日上位３位に入っていた100キロ組ランナーに追いつかれてしまった。ゴールまで逃げ切れると思っていたのに、予想以上に彼らはスピードがある。カートはさっきの死にそうな顔とは別人のように爽やかな表情になっていた。橋をゆっくり渡ると、反対側ではカートが待っている。「一緒にゴールしよう」という気持ちはうれしいが、そこからあと1キロ弱はある。私を待っていたせいで後ろにいたランナーに追い越されたから、今の時点では今日は3位だ。昨日と一昨日は1位だったから優勝は間違いないと言っているが、私のペースに合わせているともっと抜かれる可能性もある。「ゴールのところで待っていて」とカートには先に行ってもらい、ホッとして少しゆっくりめに走った。早くゴールしてバスに乗らないといけないのはわかっているが、この非日常的な体験がもう少し長く続いてほしい。辛い瞬間も何度かあったけど、それ以上の感動が何十倍もあった。村人との出会い、ランナーとの出会い、自然との出会い。トレランは病みつきになると初日に言っていたランナーの言葉の意味が今なら理解できる。参加者にトレラン経験者が多いのも納得できる。この3日間で私はすっかりマルチデイトレランの魅力にはまり、近いうちに絶対またしているだろうと確信する。フィナーレで感情が高ぶっているからか3日間の疲れは一切なく、清々しい気持ちで、満面の笑顔でゴールした。

【レース3日目：走行距離／17・8km　所要時間／2時間31分　標高差／922m】

ゴールではスタッフがカターという白いスカーフを首にかけ、赤いティカを額につけて祝福してくれた。カターはチベット仏教において、出会いや別れの時に敬意と感謝の念をこめてかけるものだ。すでにゴールしていたカートと一緒に記念写真を撮り、メダルをいただいた。ストレッチをする時間もなく、部屋に戻りシャワーを浴び荷物をまとめた。一番乗りでバスに乗ったのだが、それから2時間後に結局4台同時に出発した。何のために急いだのかわからないが、思い通りにならないことは異国にいると多々ある。カトマンズでのショッピングは諦めることにした。最後の方のランナーはシャワーを浴びる時間もなくバスに乗っていたから、シャワーを浴びてさっぱりできただけでもラッキーだったと思うことにした。

無事にゴールを迎え、カターとティカを身につけ記念に１枚

カトマンズまでのバスの旅は崖っぷちをくねくねとスピードを出して走り、何回転もするジェットコースターよりもスリル満点だ。道中、正面のガラスが割れ片側はぺったんこになっている2台のバスの事故現場や横に転がっているトラックに遭遇したが、特に騒いでいる様子もない。シートベルトは気休めとは思いながらも、そもそもそれ自体が席についていない。寝

てしまったほうが万が一の時も目覚めずにそのまま天国に召されて良さそうだが、運転が乱暴すぎて眠れなかった。

カトマンズ市内はラッシュで渋滞していて、表彰式が行われるホテルに到着したのは午後7時すぎだった。正午前にはベシサハールを出発し短い休憩時間をとったくらいで、約7時間バスに揺られていた計算になる。走った直後にストレッチをせずに長時間硬直していた足は、バスから降りる数段の階段でさえ降りるのがつらかった。香港に今夜戻る人たちは午後8時半にはホテルを出て空港に向かわなければならない。主催者も同じフライトに乗るということを知り、表彰式は手っ取り早く済ませるだろうと少し安心した。

ホテル内のレストランを貸し切りにしたディナー&表彰式タイムが始まった。ホテルの支配人が参加者1人1人に赤いカターを首からかけ、額にティカもつけてくれた。その後距離別、年齢別の上位3人を発表した後、全体の上位3人の表彰がされカートの名前が100キロの優勝者で呼ばれた。2位のフランス人男性と3位のイタリア人男性とともに賞状を受け取った表情は誇らしげだった。その後、参加者からの村のボランティアへの寄付金が1000米ドル集まったという報告があって、本やクレヨンなどの寄付は村の先生がホテルまで取りに来たそうだ。もうひとつ、一緒に行っていた別の団体への寄付も同額が集まり、ポカラの子どもと女性のためのチャリティーへ渡されるという。その団体の設立者の説明によると、今の一番の問題は人身売買だというショッキングな現実を知らされた。アクションアジアのレース参加者はネパールでのマルチデイレース開催初年度から、毎年この団体と使用させていただく村に寄付をしているそうだ。

カートの勝利をお祝いする時間はそれほどなく、毎晩飲んでいたゴルカビールを一気呑みして香港へ向かう7人一緒にとスタッフが手配してくれた車で空港へと向かった。その中の2人のアメリカ人男性は、香港を経由してニューヨークへ帰るらしく、ロンドン在住の友達にこのレースのことを聞いて初めてアジアに足を運んだそうだ。1人、ドバイ経由でスイスに帰るスイス人女性がフライトの関係でホテルの表彰式に参加できなかったのだが、ドバイ行きのフライトが遅れたそうで、空港の搭乗口で彼女に賞状を渡すプチ表彰式をすることができた。主催者のカナダ人男性は今までの表彰式の中で一番いいものだったと言っていた。あれこれあったマルチデイレースにすっかり味を占め、帰りの飛行機の中では次のレースのことを夢見ていた。

Entry No.8

ハワイ

ホノルル マラソン

開催地：アメリカ・ハワイ州

参加年：2007 年 12 月

参加距離：42.195km

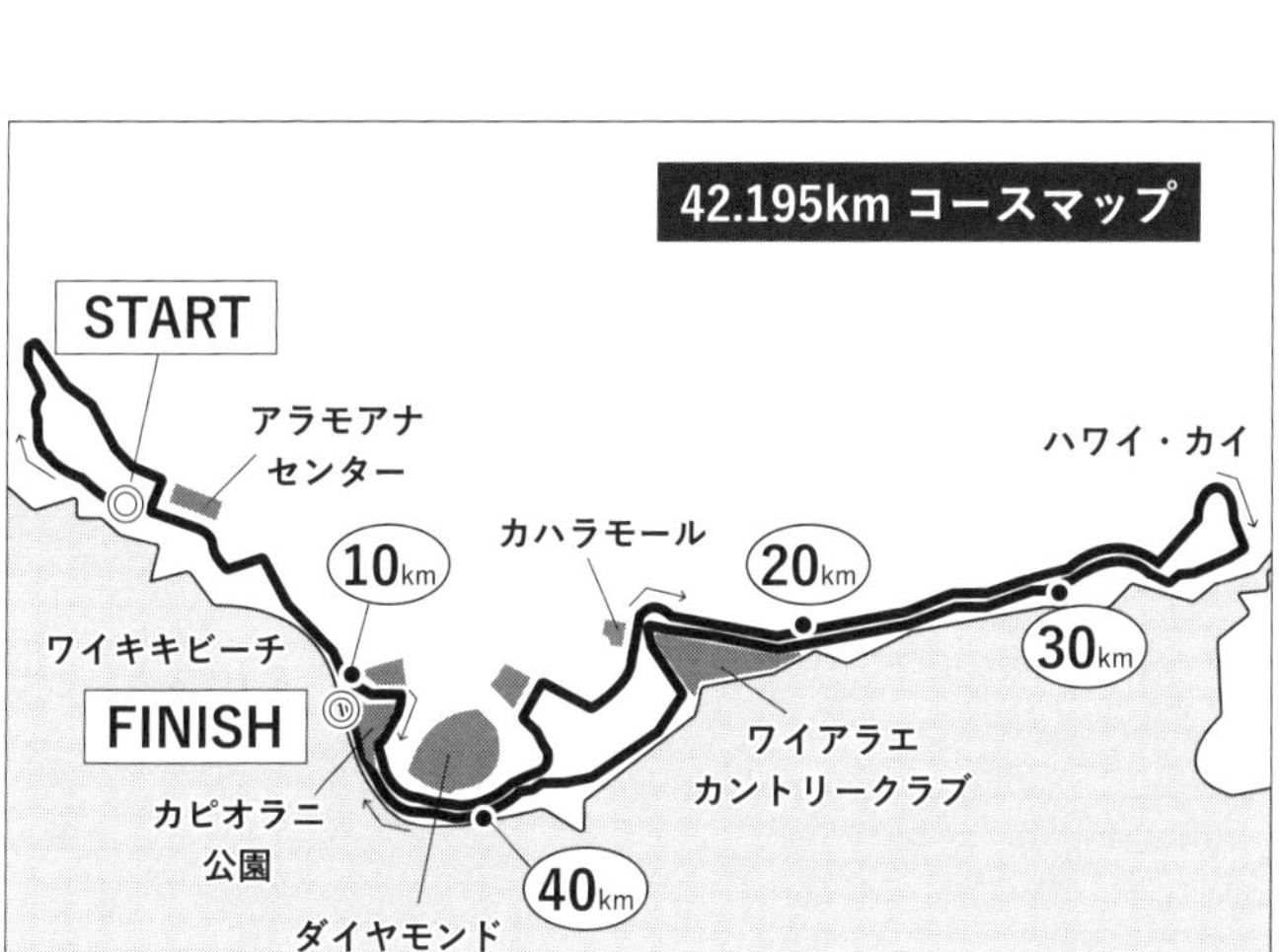

【公式HP】https://www.honolulumarathon.jp

マラソン1週間前からハワイ諸島には大雨が降り続いている。滞在先のマウイのアパートでは、何度も停電するほどの十何年ぶりかの大嵐だ。せっかくの旅行だというのに、土砂崩れによる道路の閉鎖やアトラクションがキャンセルになったため、4歳になったばかりのタイキとじっとしていられない2歳児のキミはフラストレーションがたまっている。マウイ島のビーチで砂遊びや水遊びする気満々で浮き輪やスコップなどの道具をスーツケース2つ分に詰め込んだものの、それがハワイで使われることはなさそうな雰囲気である。

私はたまにジョギングをする「走る人」になって3年くらい経つが、いまだに「普通のフルマラソン」に挑戦したことがなかった。最初に参加したレースは世界中のアスリートが集まる高い標高でのクライマソンだったし、その次も万里の長城を上ったり下りたりするちょっと変わったものだった。香港で開催されるハーフや10キロは何度か参加したことはあるが、42キロのフルマラソンを清々しく走り切ってみたいという願望があった。

そこで思いついたのが、制限時間も制限人数もなく初心者ランナーに優しいホノルルマラソンである。せっかくハワイで走るのだったら、と家族旅行も兼ねてのんびりできる滞在を計画した。偏食のタイキと食いしん坊のキミがいつでも好きなものを食べられるようにキッチン付きで、子どもたちが寝た後も私と夫はワインを飲みながら映画鑑賞できるようにリビングルーム付きの、家族全員にとって快適なステイになるコンドミニアムを夜な夜なネットで必死に探して予約した。ビーチフロントのウィークリーレンタルはまさしく夢のようなコンドミニアムだったのだ。この大嵐さえ来ていなければ。てるてる坊主を作って窓辺につるしてみたが、あまり効果がなかった。

マラソンがキャンセルにならないかと心配しながら、大会の前日にカフルイ空港からホノルル空港へと飛ぶ。飛行時間は約30分と短く、席も自由だ。先月2歳になったキミは親の膝席ではなく、子供料金で一席分の席が割り与えられる。まん丸としたぬいぐるみのようなキミは抱っこしていると気持ちいいが、ずっしりとしているため彼女の席があって本当によかったと、ホノルルまで飛ぶ便の中で感じたものだ。まずはワイキキの端っこのアラモアナ寄りに位置するホテルにチェックインした。この立地だとスタートのアラモアナにもゴールのカピオラニ公園からも歩ける距離だから便利だ。

ワイキキからダウンタウンにあるマラソンエキスポまではランナー専用のトローリーバスがあり、観光がてら乗ってみた。満席のトローリーバスの中では日本語が飛び交う。日本からの参加者が全体の6割を占めているマラソンだけあって、レジストレーションの表示も日本語で、日本人や日本語が話せるスタッフもいる。19時間の時差がある中での体調管理は大変だが、言葉の壁がないというだけでも日本人にとって参加しやすい海外ランであることに納得がいく。会場ではゼッケンのピックアップだけでなく、スポーツショップの出店やハワイアンキルトのグッズを売るお店も出ていてショッピングも楽しめる。香港で通っているフラダンス教室の仲間にここでお土産の買い物をしそうになったが、お土産選びは完走してから決めることにした。ついでに会場に貼られているコースマップを見て、スタートラインを確認する。ホテルからは徒歩10分もあればたどり着けるだろう。ワイキキの街中はお祭りムードで、レストランやショップのあちらこちらに「応援してるよ！」の垂れ幕がかかっている。町全体がマラソンスピリットに包まれて、あたたかいアロハの心で応援してくれているようだ。「Mele Kalekimaka（ハワイ語でメリークリスマス）」の文字も街中のいたるところに現れるクリスマス前の時期で、マラソン

ホノルルマラソンの受付。天気があまりよくないのが心配

ムードとホリデームードが混ざってさらに盛り上がりを増していた。

当日の朝は午前5時のスタートに合わせて4時にセットしたアラームの音で起き、外が気になってさっそくカーテンを開けてみた。クヒオ通りに面しているホテルの部屋の窓からは、タンザニアのサバンナで見たヌーの大移動のように人々が同じ方向に向かって動いている姿が見える。今日の朝食は、前の夜に買ったスパムおにぎりだ。早朝から店が開いてないと困ると思って、ホテルの隣にあるＡＢＣストアで昨日買っておいたけれど、今日はマラソンランナーや応援者のために早朝から営業しているようだ。ＡＢＣストアはワイキキの街角には石を投げれば当たるほど多くある、ハワイと聞いて真っ先に思い浮かべるお店だ。コナコーヒーやマカデミアナッツなどのお土産だけでなく、滞在中必要な日焼け止めやコスメなども売っていて、旅行者にとって駆け込み寺のような存在である。スパムおにぎりも食料品棚に並んでいるハワイ風おにぎりだ。その昔、サトウキビ畑で働くために日本から出稼ぎにでた労働者たちが遠いふるさとの日本を懐かしみながら開発したもので、ごはんの上にスパムをスライスして醤油で味付けをして焼いたものを乗せたハワイのＢ級グルメである。

腹ごしらえを終え、昨日ピックアップしたゼッケンを4つ角ピンでとめ、タイムチップを靴のレースに通してキャップをかぶる。去年参加したマカオのハーフマラソンでは用意をしている時にタイキが起きてしまい、「マミー行かないで」と泣かれて困ったことを教訓に、今回は昨日のうちに全てを机の上に出して並べておいた。スーツケースを開ける音やチャックを閉める音でも起きてしまうからだ。静かにドアを開け、外に出て腰と手足をポキポキと鳴らす。カートが子どもたちに朝ごはんをゆっくり食べさせ、私がゴールするくらいの時間を見計らって、カピオラニ公園のゴールラインで待っていてくれることになっている。

フロントのスタッフに「グッドラック」と言われ、眠りから覚め切っていない体にマラソンスイッチが入った。ホテルのドアを出て私もヌーの一員となり目的地へ向かう。少し前に一雨きたようで、アラモアナ・ブルーバードへの交差点は水が溜まって一車線まるまる池のようになっていた。濡れた靴と靴下をはいて走るとマメができてしまうから、水たまりを必死で避けて歩く。しかしお天気の神様はそんなことはおかまいなしに、その10分後には大雨が降り、靴や靴下どころか全身みごとびしょ濡れになった。うん、こういう劇的なスタートも悪くない。完全に全身が目が覚めて気合が入った。用意のいいランナーは、使い捨てのポンチョをウェストポーチから出してかぶっていた。12月のハワイは寒くないのが救いだ。

１９７３年に始まったホノルルマラソンは今年で35回目を迎える。世界で６番目、アメリカではニューヨーク、シカゴに次いで３番目に参加者が多いマラソンだけあって、参加者は

2万7829人、そのうち日本人参加者は1万7057人だそうだ。日本経由でホノルル入りする便はどれも満席でソウル経由にしたが納得の数字である。スタートラインは遥か彼方にあるのに大勢の人で前に進めない。

スタートの合図に花火があがった。その直後にはあれほど降っていた雨がランナーの完走を祈るかのようにスッとやみ、花火とカメラのフラッシュの数々もあいまってあたりが明るくなった。天気も悪いし立ち止まって撮影する余裕はないと思い、カメラを持って来なかったことが悔やまれた。ランナーからは歓喜の声があがり拍手をしながら走り始めたが、日曜日の午前5時から花火の音で起こされるなんて近所の住人はどういう気持ちだろうと少し同情する。しかもこの花火、やたら長い。

花火に見送られて、目の前に広がっていく42キロの風景を楽しみにスタートラインを踏んだ。スタートラインを越えるまでに5分はかかっているだろう。スタートラインを越してもしばらくはあまりの人の多さに歩いていたが、ダウンタウンの手前までくるとやっと小走りできるスピードになり、ようやくペース作りを始めようと気合を入れてみた。しかし、やはりお天道様は気まぐれなのだろう。初めての〝普通の〟フルマラソンランナーの味方はしてくれず、いきなりさっきのようなどしゃぶりの雨が降り出した。英語のことわざでどしゃぶりのことを「raining cats and dogs」というが、まさに空から動物がドサドサ落ちてくるような感じの降りようだった。レインコートをかぶりながらも沿道の店の屋根の下で雨宿りするランナーが続出する中、修行僧になったつもりで滝のような豪雨の中を走り続けた。マラソンだって忍耐力を試されるものだから、ある意味修行のようなものだ。Tシャツも短パンもキャップも靴も靴下も下着までもがびっしょり濡れているから、体が冷たくならないように動かしていた方がいい。Tシャツを脱いで一度絞ろうかとも考えたが、この強さの雨だとまたすぐずぶぬれになるだろうから無駄なことはせずに走ることにした。クリスマスイベントの一環としてライトアップされた木々や南国サンタさん、巨大な雪だるまのクリスマスデコレーションを横目で見ながら走り続けた。

まもなく10キロ地点というあたりまで走ると雨がやみ、ホッとしているとワイキキビーチが右側に見えてきた。昨夜観光客でにぎわっていたカラカウア通りが、こんな朝早くから同じくらいの人であふれている。日曜日の早朝だというのに見知らぬランナーに声援をくれるなんて、これがアロハスピリットなのだとハワイアンホスピタリティーに感動していたが、よく見てみるとそのほとんどは日本人観光客のみなさんのようだった。どうりで声援がほとんど日本語なわけだ。しかし、大声援の中で走るという体験は私にとって初めてのことで、こんなにうれしい気持ちになるんだなと心があたたかくなった。

カピオラニ公園の周りを走っていると木の色がよく見えることに気づき、知らないうちに朝が訪れていた。周りを走っている人の顔もよく見えるようになって見渡してみると、どうやら全員日本人のようだ。日本人に囲まれ、日本語での応援が飛び交い、まるで日本で走っているような気分になる。いずれ日本でも走ってみたい。次にカピオラニ公園を見るのはゴールするときだ、とカピオラニ公園に一時の別れを告げた。そのときには果たしてどんな状態になっていることだろう。

それにしてもコース上は相変わらずランナーが多く、追い越すのも一苦労である。マリオカートのように左右のスペースをみつけては車線変更をし、前にいる人たちを1人ずつ追い抜いていく。追い抜いて、ちょっと気を緩めたらまた後ろから抜かれるというくり返しである。たまに追い抜くスピードと追い抜かれるスピードの感覚が狂い、衝突している姿もみかけた。全体的にアップダウンがそれほどないコースだが、ダイヤモンドヘッドのまわりだけは上りが続く。ここでは走り続けて無駄なエネルギーを消費することを避け、早歩きに切り替える。特に体に痛いところはないが、先はまだまだ長い。

しばらくすると20キロ地点の手前でカハラ・モールのエリアに出た。ここは私が大学生の頃、ハワイ留学していた時によく通っていたショッピングモールなのだ。シェラトン・モアナサーフライダーのダンスパーティーに着ていくドレスをここで買ったよな、とか寮のルームメイトとここのシナボンでブルーベリーシナモンロールを食べたよな、とか次から次へと思い出がよみがえる。ハワイ留学は、日本の大学に入学した帰国子女の私にとって、窮屈に感じることもあった日本での大学生活を客観的に見る機会を与えてくれた。自分のアイデンティティが確立した恩ある場所でもある。あの頃は想像もしていなかった人生の展開を振り返り、ノスタルジックに浸りながら心地よく走った。

レースも後半に入ったところで、ハワイ・カイの住宅地エリアでは家の前に折り畳みの椅子やテーブルを出し、ファミリーがプレッツェルやキャンディをお盆にのせてランナーに差し出している。今度こそ現地のアロハスピリットを目の当たりにして、ありがたくプレッツェルをいただいた。大雨にふられ散々なスタートだったが、だからこそ人の優しさやアロハスピリットが身に染みてありがたい。ハワイ州は虹がよくかかることからレインボーステーツ（虹の州）と呼ばれ、「No Rain, No Rainbow（雨が降らないと虹は出ない）」ということわざがあるが、まさにその通り。学生時代にハワイでこのことわざに出会ってから、私の座右の銘になっている。「苦労があってもその後にはいいことがある」。今の私はまさに虹のなかをルンルンと気分よく走っている状態だ。

沿道のご近所さんたちもファミリー全員で大声で応援してくれている。「Looking Good!(いい感じよ)」と言われて、少し疲れ気味だったのが気分もテンションもあがった。言葉の力はまさにマジックだ。その横で「○○さんがんばって~」と日本語が聞こえ、そこからはずっと日本語の応援が続いた。参加者のお連れさんが居住地エリアまできて応援するのはさぞかし大変だと思ったが、よく見ると旅行会社の旗をかかげている。日本語応援団のみなさんは会社のスタッフで、ツアーで来たランナーを応援しているようだ。名前入りゼッケンを後ろにつけて走るツアーランナーを名指しで応援したり、コールドスプレーをふくらはぎに吹き付けたり、キャンディを配ったりと至れり尽くせりのサービスだ。応援する方も応援される方も、完走という同じゴールに向かって一生懸命である。

ハワイ・カイの道路沿いには特設ステージが設置され、アップビートの生演奏があった。リズムにあわせて足を動かすと、体が軽くなったようで気のせいか走りも若干速くなる。私は周りの音や声や雰囲気を全て聞き取りたいから、普段近所をジョギングする時でも音楽を聞きながら走ることはしない。だが音楽が気分を良くしてくれるというのはよくわかる。その先にある道端では「I will give you a pain killer if you marry me!(もし私と結婚してくれたら痛み止めあげるわよ！）」なんて書いてあるサインを堂々と持っている50代くらいの女性の姿もあった。いいなあ、こういうの。冗談交じりに、「結婚するから今すぐ痛み止めくれよ」と横を通りすがりに笑いながら言うおじさんもいた。このユーモアだけで、仮に体の節々に痛みがあってもずいぶんと和らぐのではないだろうか。

コースの終盤となるカハラ地区では、ランナーたちを酒の肴にパーティーをしているカップルの集まりがあった。ここは富裕層地区ともあってどの家もハリウッド映画に出てくるような大きな玄関があり、週に一度は庭師が手入れしているような手が行き届いた庭の一角が見える。きっと敷地内にはプールがあり、デッキチェアが並んでいるに違いない。そんなことを想像して走っているからか、最後の5キロも体のどこも不調がなく、スイスイと走ることができた。このマラソンコースは学生時代の思い出が詰まっている場所をたくさん通過したノスタルジックジャーニーだったからか、ずっと頭の中がぽわんとしていて疲れも痛みも感じていない。もしかすると、翌日現実に目覚めたら痛みが襲ってくるのかもしれない。

ゴール前のカピオラニ公園への道のりは、沿道の両サイドに人が溢れている。その多くが家族や友人などの大切な人が戻ってくるのを待っているサポーターだろう。私はかなりゆるいランナーだが、ゴールで子どもたちが退屈して泣いてやしないかと思うとできるだけ速く走って戻りたい。それに体力がどこまでついていけるかどうかは別問題だが、ゴールで誰かが待ってくれているランナーには確かにそういう活力が湧く。伝えていたゴール予想時間を大幅に遅れていたから、途中のカメラマンも全て無視してひたすらゴールまで一直線にダッシュした。

「夢にまで見たゴール」と書かれた垂れ幕が見えた。夢というほど大袈裟ではないが、確かにここまでの道のりは長かった。過去のことを思い出しながら走り、今まさにゴールで待ってくれている家族に感謝し、すがすがしいフィニッシュだった。ゴールラインを踏んだときの達成感は何物にも代えがたい。このランナーズハイがあるから一度でもそれを体験してしまうとやめられないんだと思う。ゴールした瞬間にはもう次のマラソンのこと、それと今夜飲む地ビールのことを考えていた。

カピオラニ公園は朝降った大雨で、泥でぐちょぐちょになっていた。ランナーもゴールで待っているサポーターの靴も泥んこだ。天気にもよるだろうが、サポーターだからといって小綺麗な恰好で応援に駆けつけるのはよくないみたいだ。ゴール後には各旅行会社のテントがあり、それぞれに完走したツアー参加者ランナーと祝賀会をしている。日本の旅行会社のためにあるといっても過言ではないホノルルマラソンだが、市としても日本人観光客がお金を落としていってくれるからうれしいはずだ。

今回の優勝者はエチオピアのトロサ選手で、タイムは2時間17分26秒だったそうだ。それから遅れること約3時間、5時間31分にゴールをくぐると、首を長くして待っていた4歳児と2歳児が手を振っていた。「マミー、おそかったね〜。これからどこいく？」とどこかに行きたくて仕方がないタイキ。口が裂けても「ママちょっと疲れたからお昼寝したいなあ」という本心は言えない。「長い間待っていてくれてありがとね。どこでも好きなところ行こうね」と伝え、子どもたちと離れた42キロの一人時間が過ぎ、ランナーからハハ業に戻った。いつかは子どもたちと一緒に、走る楽しさを感じられたら最高だと思う。

HONOLULU MARATHON & RACE DAY WALK

FINISHER

This is to certify that on December 9, 2007

Miyuki Lynn

5:30:57

Placed 8452nd of 20693 Total Finishers

3081st of 9961 Females

532nd of 1384 Females aged 35 to 39

13.1 Mile Split 2:36:00

James S. Barahal, M.D.
President/CEO
Honolulu Marathon Association

Mufi Hannemann
Mayor
City & County of Honolulu

参加者には後日完走記録が郵送された

その夜はジャーメインズ・ルアウに行った。ルアウとはハワイ語で「宴」を意味し、基本的に屋外でとり行われる伝統的な儀式だが、今では観光客の行きたいところベスト10には入っているような、ショー&パーティーを楽しめる観光スポットである。ワイキキからお迎えバスに1時間くらい乗り、ちょうど水平線に夕日が沈むタイミングでビーチ沿いにある会

ジャーメインズ・ルアウのステージ

場に到着した。地面に穴を掘って作られたイムと呼ばれるかまどでカルア料理である豚の丸焼きを取り出す儀式を見学する。200〜300人くらいは座れる広々とした会場で、ステージ前の真ん中最前列のテーブルに座る場所を確保した。「ディナーはケイキ連れの人からどうぞ」とのアナウンスが入り、子どもという意味の「ケイキ」連れがビュッフェテーブルに群がった。子どもを連れていると、飛行機の優先搭乗以外にもこういういいこともある。マラソン直後にアロハ・スタジアムのスワップミート（蚤の市のようなもの）や戦艦ミズーリの見学に行ったものだから、ゆっくり食

事をとる時間がなくお腹がペコペコだった。豚の丸焼きであるカルアピッグやロミロミサーモンといったハワイ料理に舌鼓を打ちながら、ポリネシアンダンスのショーを観賞した。

ショーの最中に「各テーブルから女性のゲスト1人はステージにあがってフラダンスを踊りましょう」と呼びかけられ、香港でフラレッスンを受けている私としては使命感を抱いた。テーブルにいる他の女性たちに「私行きます」と宣言をし、キミを抱っこしてステージへと向かった。どんな場面でもちびっこは人を笑顔にする魔法を持っている。ステージの最前列でヨタヨタと踊っているキミの姿はフラダンサーというよりは歩き始めたペンギンのようだが観客の口元はほころんでいた。ダンスの後は会場にいる男性がステージの左右に並び、ステージの女性は一人ずつにハグかキスをしてから席に戻った。ハワイではみんなが「オハナ（ハワイ語で「家族」）」だ。タイキもカートに抱っこされ列に加わり、若いガールズや熟年ガールズにほっぺにキスされて照れながらも満面の笑みを浮かべていた。心温まるアロハスピリットを感じながらピナコラーダを片手に、島の時間がゆっくりと流れていった。

Entry No.9

タイ

プーケット国際マラソン

開催地：タイ・プーケット

参加年：2008 ～ 2012 年

参加距離：42.195km

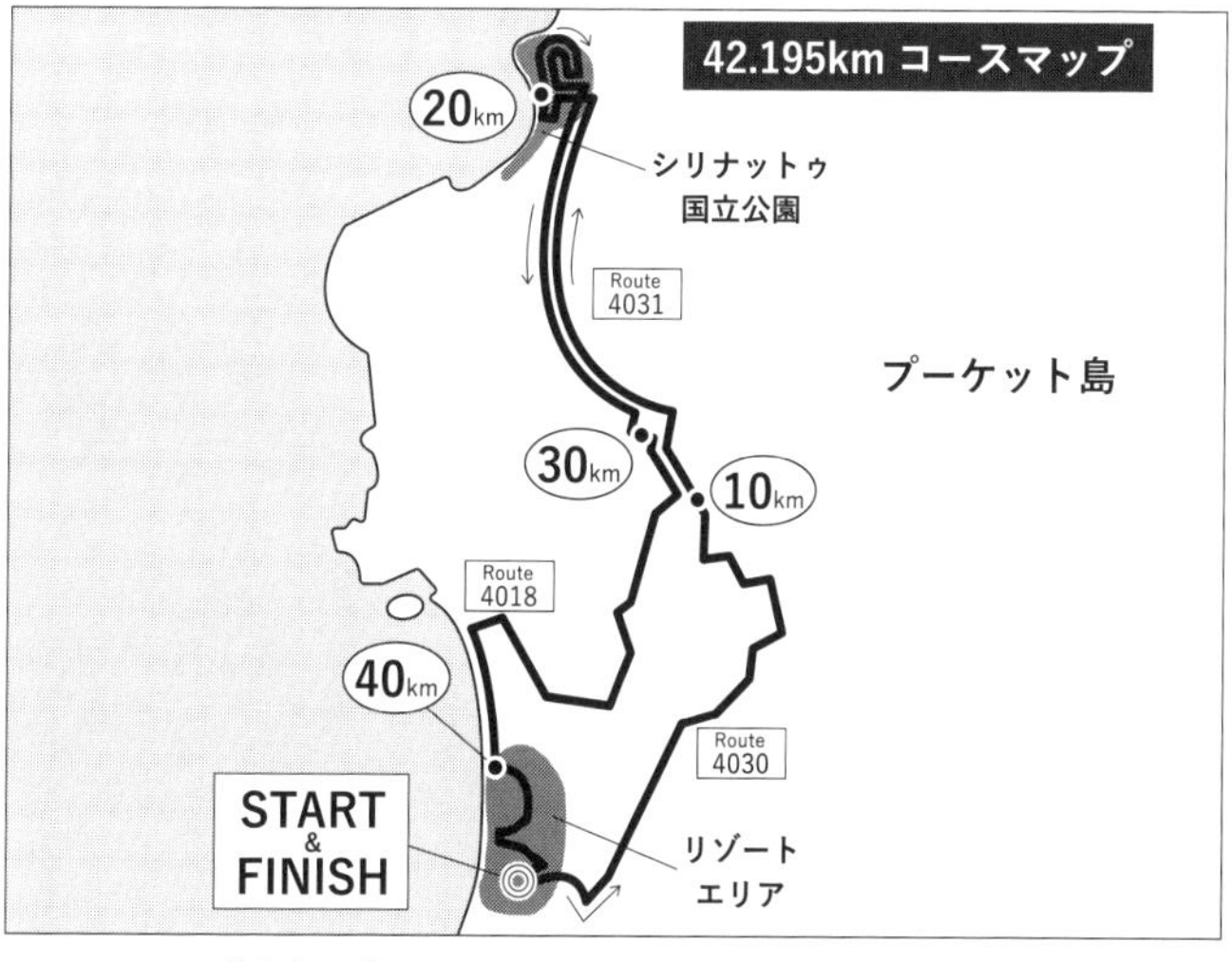

【公式HP】 http://www.phuketmarathon.com/ja/

数か月前にホノルルマラソンに参加してからというもの、私は旅行がてら子どもも一緒に参加できる大会はないものかと調べていた。できれば暖かいところで、香港から直行便が飛んでいて、走ったあとはリゾートホテルのプールでのんびりできて、食事もおいしいところがいいなあ、などいくつかの譲れない条件を絞っていくと、まさに最適なマラソンが浮かび上がった。

それは2006年から始まったプーケットマラソンで、毎年6月に行われており、今回は3回目の開催になる。コースはフルマラソン、ハーフマラソンのほか、10キロラン、5キロファンラン、2キロキッズランがある。マラソンは参加資格に年齢制限があるが、キッズランは特に設定されていないため4歳のタイキでも参加できるようだ。さすがに2キロ歩けるかどうかも不明な2歳のキミはゴールでベビーカーに乗っての待機となる。

タイのリゾート地であるプーケット島は香港から飛行時間約3間半の直行便が就航していて、気候も年間通して温暖。リゾートホテルにはプールどころかキッズルームもついていて、近くにはビーチもある。なんといってもタイ料理は私の大好物だ。タイ料理といえば辛いイメージがあるが、「ノットスパイシー」と注文の時にリクエストしたり、パイナップルが入っているパイナップルフライドライスやココナッツミルクがかかったマンゴースティッキーライスなど子どもが食べられるものもたくさんある。大会のスローガンは「Run Paradise!（パラダイスを走ろう！）」。こんなパラダイスは行ってみるしかないだろう。2歳のキミは家にいても寝て遊んで食べているくらいだし、タイキは幼稚園の年中さんだから金曜日と月曜日くらい休んでも問題ない。「百聞は一見に如かず」で、実際に走ってみることで得られる経験は多いに違いない。「物は多く与えないが、経験は可能な限り与える」というのが我が家の子育てのモットーである。私はフルマラソン、タイキはキッズ2キロランに申し込みをした。カートは子どもたちのお世話係に徹してもらうことにした。

マラソンの前日に、メインスポンサーにもなっているアウトリガー・ラグーナ・プーケット・ビーチ・リゾートにゼッケンとお楽しみ袋をもらいに行った。フルマラソンのスタートは午前5時に設定されているが、5時間以上を想定しているランナーは午前4時にスタートしてもいいという説明をそこで受ける。その場合タイムは記録されるが、もし3位以内に入ってもトロフィーはもらえないことを了承してからの参加という条件つきだが、私のタイムでは天と地がひっくり返ってもそんなことは絶対に起こらない。そもそも、キッズランは同日の午前9時スタートになっていて、午前4時にスタートしても5時間切ってゴールしないと間に合わない。キッズランは親が横で付き添いランをしてもいいそうだから、カートは付き添う気満々である。だが私がそれまでにゴールしないと、ベビーカーに乗っているキミを見ておく大人がいなくなってしまう。キミのベビーカーはニュージーランドから取り寄せたアウトドア派ママたちが愛用している三輪バギーだから、一緒に走ることもできなくはないのだが。

キッズランの参加者も他のランナーと同様に受付で書類に署名をする。キッズといっても見る限り小学生がほとんどのようで、幼稚園児のタイキは最年少らしい。数少ない書けるアルファベットで自分の名前をしっかりと書いていると、こんなちびっこはシャッターチャンスと、重いレンズのついたカメラマンやテレビの人たちが寄ってきて注目を浴びている。クールな顔をして署名をしているタイキに、「カメラのお兄さんたちにスマイルしてハローしたら？」とサービス業出身の母は気を使うが、本人は名前を書くので精一杯の様子だった。

6月のプーケットは雨季のため、「早朝は毎日大雨だよ」というプーケット在住の友人の言葉に覚悟をしていたが、当日の早朝、というよりも夜中の2時半はその気配はない。はりきってリゾートマラソンをリサーチしたわりにはホテルの調査がおろそかになっていて、ホテルからスタートラインまでは車で30分以上の距離がある。自分のうかつさに反省しながらも、仕方なく前の晩にホテルのタクシーを予約した。午前2時に起きて、数時間前にスーパーで買ったバナナを食べる。同じベッドで寝ているタイキもベビーコットで寝ているキミも起きる気配はない。キミは寝相が悪く、同じベッドで寝ると知らないうちに下に落ちていてそのままそこで寝続ける習性があるため、ベビーコットに入れておいた方が私も安心する。

ロビーに降りると、予約したタクシーはすでに到着していた。運転手の20代前半くらいのお兄ちゃんは眠いのか気合を入れているのか、車の中はタイガーバームくさい。目のまわりに塗ったらしくテカテカと輝いている。ホテルがあるパトンビーチからスタート地点のラグーナプーケットまではくねくね道の峠もあり、お兄ちゃんが居眠りをしないことを心の中で祈った。幼い子を残してあの世に行っている場合ではないから、必死にお兄ちゃんに話しかけた。「私今からマラソンを走るのよ」「プーケットマラソンはコースがいいのよね」「雨が降ると思っていたけど、降らなくてよかった」など、おそらく彼の耳には入っていないだろうが、ひたすらしゃべり続けた。お兄ちゃんはたまに「オー」という相槌をうってくれた。彼が居眠り運転さえしなければ、内容はなんでもいい。

タクシーに横づけしてもらったスタートラインは驚くほど静かだった。車も人の姿もそれほどない。時間が読めずスタートの1時間前と早めに着いたからか、スタッフの姿さえまばらで、しばらくするとスタッフが続々と到着した。スタート時間が近づいてもランナーの姿はパラパラ程度。スタート時間の午前4時直前になると、数少ない自称5時間以上かかるラ

スタート1時間前では人もまばら

ンナーたちがスタートラインに少しずつ集まってきた。全員集合しても１００人もいない規模で、小学校のマラソン大会よりもさみしい人数だが、ランナーたちは自分たちで盛り上げようと拍手しながら大声でカウントダウンをした。暗闇のなか、元気な気合の入った声だけが響き渡る。6月の平均温度は30度前後あるプーケットは午前4時でもムシムシしていて暑い。ほとんどのランナーと同様に、私もタンクトップと短パンという姿で挑む。

最初の2キロくらいは前にランナーが数人いて、後ろにも人の気配がした。そのうち追い抜かされたり、後ろの方に消えていったりで気が付いたら一人ぼっちになっていた。南国の土地で真っ暗な中を独走するランナーという絵面もかっこいいが、前にランナーがいないとどれくらいのペースで走っているのかわかりにくい。午前9時前にはゴールしないといけないというミッションがあるわりには、かなり適当に走っている。曲がり角ではありがたくも誘導ボランティアがいてくれるから1人でも迷うことはない。大通りから狭い道に入り、まだ寝静まっている現地の村を通過する。たまに鶏や犬の鳴き声が聞こえてきて、私の足音に動物が反応しているのかと思い、気持ちばかり足音を立てないように走った。動物もだが、村人たちも日曜日の早朝から自己満足のために外から走りに来たランナーに起こされることほど迷惑なことはないだろう。

村を通り過ぎ、まもなく20キロというあたりに来て空港の近くになると街灯がなくなり、ほんとうに真っ暗になった。ヘッドランプも持っていないし、暗闇の中で自分がどこに向かって走ったらいいのかもわからない。止まって夜明けを待つ時間の余裕はないから、そこにある道をひたすら走り続けた。ふと空を見上げると、満天の星が広がっていた。香港ではあまり星空を見る機会がなく、空一面広がる優しい輝きに感動した。耳をすますとかすかに虫の鳴き声が聞こえる。

なんて素敵なんだろうと自己陶酔していると、いきなり背後で「ハアーハアー」という息が聞こえた。突然のことに一瞬大声で叫びそうになったが、マラソン中に走りながらハアハアするランナーはあやしいどころかいたって普通である。いつの間に追いつかれてしまったのかという悔しい気持ちと、孤独じゃなくなった安心感を合わせ抱き、抜かされないようにペースを少し上げるとあやしい息もペースアップする。星空の下で走る2人……もしシングルだったらこういうシチュエーションで愛が芽生えるのもロマンチックだと想像したが、まさか彼も自分が他人の勝手なラブストーリーに登場しているとは思いもしないだろう。次第にあたりが明るくなってきて現実に戻り、少しすると彼も涼しげな顔をして追い抜いていった。そして私はまた一人になった。

マーケットが並ぶ賑やかな通りに出ると、オレンジ色の袈裟をまとったお坊さんが托鉢をしている姿があった。タイ人は熱心な仏教徒が多く、お坊さんはリスペクトされる存在である。現地の生活の1コマである神聖な場面を垣間見ることができて、その光景はどんなパワースポットよりも穏やかで、癒しのパワーを感じられる。再び村を通ると、村人は起き出したようで生活の音が聞こえてきた。朝風呂に入る子どもたちの笑い声や台所から聞こえるまな板と包丁のトントントンという音。ちょっと疲れてきたのもあり耳に心地よい音を楽しみながらペースを落として走っていると、鶏に追い抜かされて我に返った。いくらタイの村育ちでたくましいとはいえ、鶏に抜かされているようでは私のプライドがズタズタだ。意地になってダッシュして村から離れた。

25キロ地点をすぎると、ハーフマラソンのランナーや5時スタートのランナーたちに追いつかれてにぎやかになってきた。２キロごとにある給水地点では水やスポーツ飲料が、５キロごとには飲み物の他にスイカやメロンもある。ジューシーなスイカは体が欲しているものが備わっていて、本当においしい。これに塩がかかっていればさらにいいのだが、どうやらスイカに塩をかけて食べるのは日本人くらいのようだ。濡れたスポンジも配っていて、太陽がのぼってジリジリとしてきた肌に気持ちいい。頭から水をかぶり、終盤に向けて気合を入れなおす。着ているものが汗臭いくらいで、特に痛いところはない。このまま予定通りゴールできそうだ。

ヴィラ（戸建ての宿泊施設）が並んでいるラグーナプーケット付近から、最後の１キロは猛ダッシュした。沿道に立つ人の姿が見えてくるとゴールはもうすぐそこだった。大会のMCがゴールをした順にランナーの名前と国を読み上げる。両手をあげ、ゴールラインを踏み、メダルを首からかけてもらった。

その隣の列ではキッズランに参加するちびっこたちが待機していた。ゴールした感動にひたる間もなく、タイマッサージのテントでマッサージを受けている完走者をうらやましく思いつつ、あわててタイキの姿を探した。まわりのキッズの半分くらいの身長しかないタイキは埋もれていてよくわからない。サイドラインにベビーカーを押すカートを見つけ、駆けよった。私がなかなか戻ってこないから、ベビーカーを押しながら一緒に走るつもりでいたらしい。ベビーカーのバトンタッチをして、少し不安そうな顔をしているタイキに声援を送った。かわいらしい子どもたちの声でカウントダウンがはじまり、カートは水とビデオカメラを持って、ぴったり後ろからくっついて行った。午前9時のプーケットはすでに30度は超えていそうなくらい暑い。都会っ子でエアコン慣れしているキミは暑さに極端に弱く、ずっと泣きっぱなしだ。ゴールから少し離れた木陰に行き、ベビーカーから降ろすと機嫌がよくなった。暑さではなく自由が欲しくて泣いていただけなのかもしれない。

追っかけランナーを隣に従え、懸命に走る我が息子

少しすると、真っ赤な顔をして走っている追っかけランナーつきのタイキがゴールに向かっているのが見え、キミを抱っこしてベビーカーを押してゴールへと向かった。メダルを

もらって誇らしげにしているタイキに「タイキすごいね、おりこうさん」と声をかけると「あつい、アイスクリームたべて、プールにいく」と言ってぐったりした。カートは汗だか感動の涙だかわからないほど顔がびしょ濡れで、タイキよりももっと誇らしげな顔をしていた。
　ホテルに戻り、午後は友人カップルも合流してのプールタイムだ。大人3人で子どもたちの面倒をみてくれるなら大丈夫だと安心して、私は部屋で長いお昼寝をした。体力が回復し、おいしいタイ料理を食べに行くレストランを探している途中、ちょっとした塀の上を歩いていたタイキが飛んできた。「マミー、キャッチミー」というのが最近の彼のブームで、椅子の上や少し高いところにのぼって、いきなり飛び降りてくる。あわてて両腕を出してキャッチしたら、腰に激痛が走り、人生初のぎっくり腰になってしまった。フルマラソン完走後はどこも不調がなかったのに、遊んでいて腰痛になるとは。その後数か月間、フィジオセラピーに通う羽目になった。

　その翌年、何気なくプーケットマラソンのウェブサイトを開けてみると、なんと宣伝ポスターにタイキが載っているではないか。3歳になったキミは大会デビューもできるし、これも何かの縁だと思い再度プーケットを訪れることにした。その話を聞いた60代の私の両親が、

2009年のプーケットマラソンのポスター

自分たちも一緒に行って5キロに参加すると言う。

今回はスタート地点まで徒歩で5分で行ける、大会スポンサーでもあるラグーナプーケットリゾートに滞在することにした。広いホテルの敷地内には滑り台がついているプールもあり、プライベートビーチで砂遊びしたり、カヤックに乗ったり、キッズルームで遊んだりとリゾート内だけで十分に楽しめる夢のような大型リゾートホテルだ。朝食の時間にはなんとプールサイドに小象が遊びにやってきて、自分の朝食を中断してゾウさんにバナナの朝ごはんをあげることができる。今回はじいじとばあばが5キロ、子どもたちは2キロ、カートは子どものお世話係兼タイキの付き添いランナー、私はハーフマラソンとキミの付き添いランナーに参加する。余裕を持って必ず戻ってこられるようにハーフを選んだが、フルの直後に2キロの付き添いランナーをするのは辛いというのもある。

当日、私は家族より一足お先にスタートへ向かい、21キロを走ってゴールした。じいじとばあばが参加する5キロスタートの時間には間に合わなかったが、キッズランのスタート時間には余裕で間に合った。プーケットの太陽は午前8時でも容赦なく照りつけている。体力を消耗しないよう、キッズランのスタート時間ギリギリまで、エアコンが効いているテントの中で涼みながら出番を待っていた。走り終わったランナーが床でぐったりしている。日焼け止めクリームと虫よけスプレーを全身にして準備万全。タイキは夫が、キミは私が付き添いランナーになる。給水地点はあるが、こまめに水分補給をした方がいい。

元気いっぱいのカウントダウンとともに一斉にちびっこが走り出す。その後を追いかけていってキミの後ろにくっついて走った。去年はベビーカーに乗っていたのになあ、と涙腺が緩みそうになったとき「あつい、やだ」とストを起こして立ち止まってしまった。本人はよくわからないうちに参加が決定しているのだから、そうなるのも仕方ない。お気に入りのピンクのドリンクボトルを渡して、水を飲ませて頭にもかけ、「あついよね。じゃあ歩こうね」と手をつないで一緒に歩くことにした。ゴールが遠くに見えてきた距離から「アイスクリーム買ってあげるから、走ってみようか」とその気にさせて走り始めたのだが、ゴールにいたピエロを怖がってまた止まってしまった。子どもはピエロが好きだと思い込んでいる大人は多いと思うが、小さい子どもはピエロもサンタも怖いのだ。なんとか手を引き、ピエロから離れて走りゴールにたどり着いた。ゴールではタイキとダディーのほか、メダルを首からかけたじいじとばあばも待っていた。キミはメダルには興味を一切示さず、「ママ、アイスクリームどこ？」とアイスクリームを求めていた。

無料シャトルに乗ってホテルまで戻り午後をプールサイドでのんびり過ごした後、せっかくじいじとばあばも一緒だから観光をしようとファンタシーというショー観賞に出かけた。パレス・オブ・ジ・エレファントという象のシアターでのショータイムがはじまり、煌びやかなゴールドの衣装をまとったパフォーマーと何頭もの象がステージに出てきて芸をする。「ゾウさん！」と目を輝かせていたキミだが、10分もしないうちに寝てしまった。以前、はるばる日本までしまじろうのサンタクロースショーをみるために泊まりがけで行ったのに、始まって数分で寝入ってしまったこともある。暗いところにいる

各々のレースを終え、じいじとばあばも一緒に記念撮影

と、どんな大きな音がしていようと眠くなってしまうらしい。じいじとばあばも十二分にエンジョイして孫との旅行にすっかり味をしめてしまい、翌年も一緒に参加することになった。

私の両親が自慢気に話す「孫たちとのマラソン大会旅行」を聞いたニュージーランドのナナ（ばあば）とポパ（じいじ）は、「自分たちも行く！」と言い出した。仕事で年に一度はバンコクに行く用事があり、プーケットマラソンの時期にあわせてバンコクでの仕事を入れるそうだ。タイミングがなかなか合わず、２０１２年にやっと実現した。私たちにとっては5回目の参加となる。私は例年と同じくハーフマラソンを走り、タイキとキミはキッズランに挑んだ。付き添いをしなくても自分たちだけで走れる小学生になり、私とカートはゴールの手前でどんな顔をして走ってくるのかとドキドキしながら待つ。タイキはゴール直前でスプリントして、前にいた自分より大きい子を2人追い抜かしてゴールしていた。負けず嫌いな性格だから、最後の最後まで追い抜かさないと気が済まないようだ。どこか夫のＤＮＡを感じてしまう。キミはマイペースでのほほんとゴールし、前歯が1本ぬけている歯をむき出しにニカッと笑っていた。

日頃からウォーキングや水泳をして鍛えているナナとポパは10キロランに参加することに

なっていたが、冬になりかけている南半球のニュージーランドから夏のプーケットに来たため、温度と湿度に慣れるのに一苦労していた。ゴールをした時は2人とも着ているものも肌も湿気と汗でびっしょりになっていて大雨に降られたかのようだった。ポパの歓びのあまりにメダルを握りしめたときの清々しい表情が印象的だった。今回もマラソンの後は家族みんなでゆっくりくつろいだ。マラソンもホテルでの待遇もよかったが、ニュージーランド在住で子どもたちと数回しか会ったことのないナナとポパと、貴重な時間を過ごせたのが何よりもよかった。

2008年から5年間我が家の毎年恒例行事になっていたプーケットマラソン参加も、タイキはキッズランの距離では物足りなくなり、キミは習っているダンス教室の発表会と日程が重なるなど子どもたちの成長とともに2012年を最後にピリオドを打った。両方のおじいちゃんおばあちゃんとも一緒に3世代でマラソンに参加できたことは、「Run Paradise（パラダイスを走ろう）」のスローガンのごとく、一生忘れることのない思い出の1ページに刻まれた。

Entry No.10

カンボジア

アンコールワット国際ハーフマラソン

開催地：カンボジア・シェムリアップ

参加年：2016 年 12 月

参加距離：21.0975km

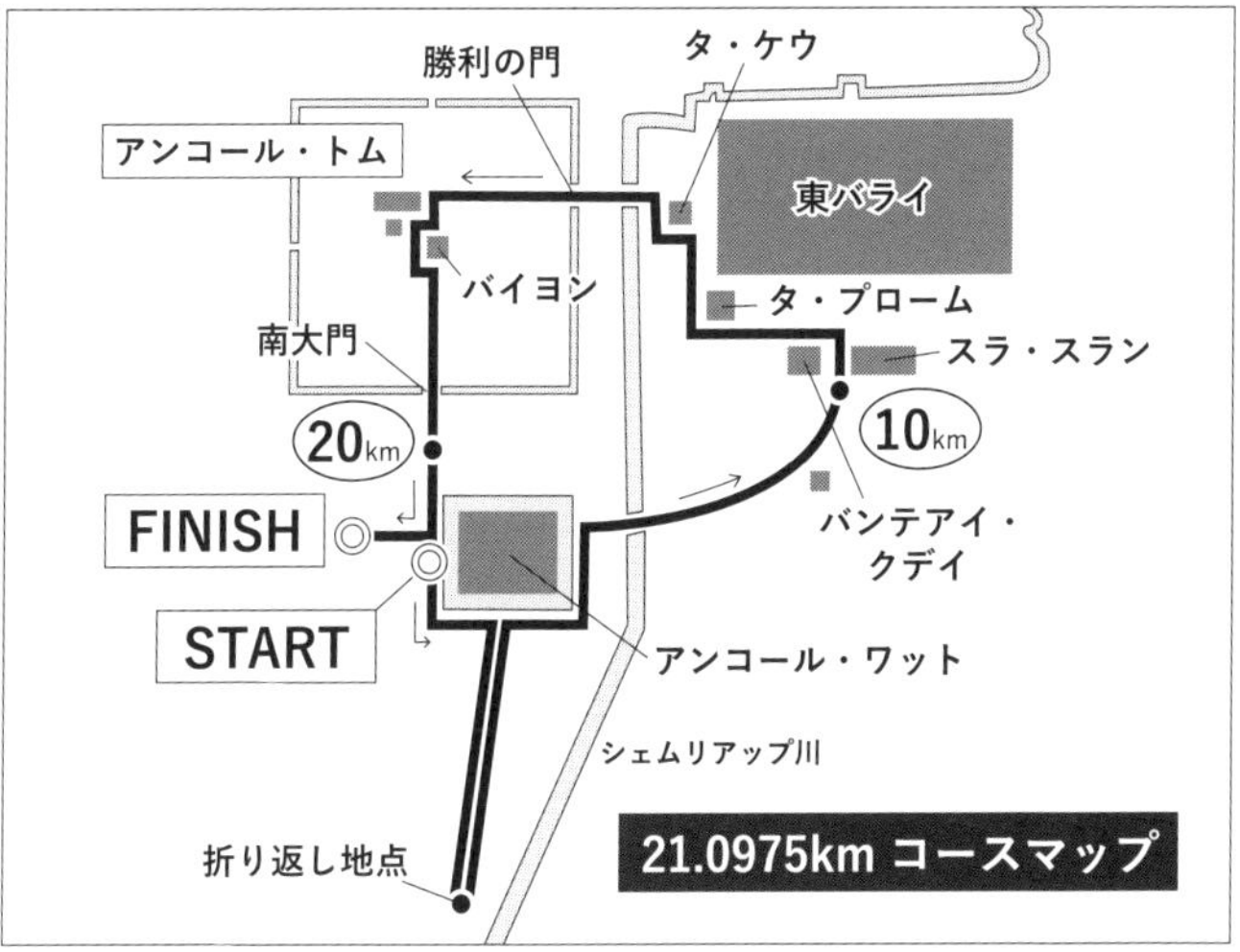

【HP】http://cambodiatourism.or.jp/angkormarathon/

その日は土曜日だったが、私は娘が通う補習学校の体育館にいた。館内に拍手が鳴り響き、学習発表会の幕が下りる。海外に住む多くの日本人やミックスの子どもたちは、平日は現地の言語で学習する現地校やインターナショナルスクールに通っているため、土曜日は日本語で勉強する補習学校に通っている。香港生まれの香港育ち、母親が日本人、父親はニュージーランド人という3つの国のアイデンティティを持つキミにとって、自分のルーツの1つである日本を知る貴重な場であり、人格形成のうえで必要なのである。

発表会が終わるや否や、私たち一家は学校から香港国際空港へ直行し、シェムリアップ行きの飛行機に乗った。翌日に開催される世界遺産アンコール遺跡のまわりを走る「アンコールワット国際ハーフマラソン」に参加するためである。世界遺産の真ん中を走るチャンスなんて滅多にないし、このマラソンは参加費が地雷被害者に寄付されるチャリティーランなのだ。数か月前にこのランの存在を知り、「走りながら学びがあるなんて素晴らしい教育だわ！」と即申し込みを決めたのである。ただ走るだけでも十分にいいのだが、支援を必要としている団体の寄付に使われるならさらにいい、ということに気づかせようという目的もある。子どもたちは母の思いつき海外ランには慣れてきたようで、巻き込まれるのも悪くないと感じ始めている様子だ。

香港からアンコールワットのあるシェムリアップまでの飛行時間は約3時間弱、時差は1時間遅れだから、着いた時は得した気分になる。新しい土地でのプラス1時間は特にうれしいものだ。また、日本のパスポートの場合、カンボジアへの入国は観光ビザを取る必要があるが、事前に大使館に取りにいかなくても空港で申請できるのが便利だ。あらかじめ用意しておいた顔写真と30米ドルを渡してしばらく待つと、観光ビザを発行してくれる。

空港から直接レースのゼッケンを取りに受付会場となっているホテルへ向かって、ラッキーなことに待ち時間ゼロで受付に辿り着けた。今回参加するのは私は21キロのハーフ、タイキは10キロ、キミとカートは3キロだ。キミもタイキと一緒に10キロを走る気満々だったが、13歳以上という年齢制限があり参加できない。タイキはレースの4日前に13歳の誕生日を迎えたばかりで、出産予定日より1か月早く生まれるとこういいこともあるのだ。オフィシャルスポンサーであるマニュライフ生命のストリングバッグに入ったゼッケンやグッズを背負い、トゥクトゥクに乗って宿泊先のホテルへ向かった。

スタートラインのすぐそばにあるホテルを予約したつもりだったのだが、私が想像していたものとは違った。アンコールワット遺跡の中にあるホテルだと勘違いしていたが、スタートラインへはトゥクトゥクに乗らないとたどり着けない距離のようだ。タイキに言わせると、

「そんな世界遺産の真ん中にホテルが建っているわけない」らしい。とはいえ、レストランやバーがある繁華街「バーストリート」から徒歩3分という最高の立地条件のようだから勘違いもよしとする。チェックインをして落ち着くと、朝からバタバタとしていてロクに食事もしていないことに気づき、一気に空腹感が襲ってきた。

さっそく夜のシェムリアップの繁華街であるバーストリートに繰り出すことにした。雰囲気のよさそうなテラス席があるカンボジア料理もあるレストランでカンボジア最初の夜のディナーとする。ただ、キミとカートは学校と仕事の都合で明日のマラソン直後に香港に帰る弾丸1泊2日のトラベルランナーなので、家族そろってというのは今夜が最初で最後だ。テラス席から自転車やバイクやトゥクトゥクが行き交う夜の喧噪を見下ろしながら、地元ビールのアンコールビールを飲み一息ついた。

レースを明日に控えてはいるものの、せっかくカンボジアに来ているのだからクメール料理にも挑戦したい。辛くもなく一番の定番料理である「アモック」をオーダーしてみた。淡水魚の入ったココナッツミルクとカレーを卵でとじた蒸し料理で、濃厚な味わいがごはんによくあっておいしい。大会のオフィシャルスポンサーであるマニュライフはバーストリートに大きなアーチを設置していて、ランナーもそうでない人も立ち止まって記念写真を撮る撮影スポットになっている。そこでお兄さんが「アンコールビール50セント！　水より安いよ！」と呼び込みをしている声が聞こえてきて、ビールへの欲がかりたてられる。アンコールビールはたしかに軽くて飲みやすく水のようだから前日の水分補給でもう一杯くらい、と

スポンサーであるマニュライフのゲート。通りは大賑わいだ

誘惑に負けそうになったが、お楽しみは明日のレース後にとっておくことにして、今夜は控えることにした。屋台ではサソリの串刺しや焼きコオロギも売っていたが、そういうチャレンジャー的なことも明日の体調に影響を及ぼす可能性があるため控えることにした。

大会当日は早朝4時に起き、マラソンの用意をし始める。私とカートは朝シャワーを浴びる派、タイキとキミは「どうしてそんな面倒くさいことをするのかわからない」派だ。走ればどうせすぐに汗をかくのだが、冷たいシャワーを浴びると体の隅々の筋肉が一気に起きて引き締まる気がす

る。朝ごはんは近くのベーカリーで前日買っておいたレーズンパンとバナナを部屋で食べる。ソーセージだのクリームだのが入っている魅力的な菓子パンがたくさん並んでいたが、夜ごはんも目新しいものを口にしたからお腹の中で異常反応がおこらないようにと、あえてシンプルなものを選んだ。食いしん坊な私は、旅行中どの国に行ってもなんでも気ままに食べるが、レースの前夜だけは少し考えてお腹に負担がかからないようなものを食べるようにしている。とはいえ短い滞在だとおいしい現地の料理を食べ損ねてしまうことにもなるので、そういう場合はお腹に馴染みのありそうな現地料理を選ぶ。

この時期のカンボジアは乾期に入っていて過ごしやすいらしいが、気温は日中28度まで上がるほど太陽が出ているようだ。日焼け止めクリームをTシャツと短パンから出ている皮膚にまんべんなく塗り、念のため虫よけスプレーもした。特にキミは蚊やらサンドフライやらありとあらゆる虫に好かれる体質らしく、足は年中ひっかき傷だらけだが、それでも長ズボンは嫌って履こうとしない頑固者である。

夜明け前の午前5時に予約しておいたトゥクトゥクに乗り込み、いざレース会場へと向かう。ハーフに参加する私は午前6時スタートで、タイキは6時20分、キミとカートは6時40分とバラバラだ。ロードレースには興味のない夫だが、娘と一緒となると話は別である。はりきって揃いのシャツまで用意し、娘は恥ずかしいと嫌々ながら、一方の父はルンルン気分で着用していた。タイキはランナーの中に車椅子も描かれている大会Tシャツが気に入り、持ってきたドライフィットではなく大会Tシャツを着て走るとはりきっている。私は着心地のいい腰部分にジッパーつきのポケットがついたお馴染みトップで参加する。

今回が21回目の開催となるアンコールワット国際ハーフマラソンは、地雷による被害者にも希望を与え参加できるイベントとしてNGO団体がはじめたものだ。同時に世界中に地雷の製造と使用を中止するアピールもしている。カンボジアでは1970年から1990年代まで続いた内戦によって多くの地雷が埋められ、地雷撤去活動は続けられているものの今でも被害者は多くいる。開催初年度の1996年には年間3000人が地雷の被害にあったそうだ。このマラソンの参加費は地雷被害者のほか、こども病院にも寄付される。このマラソンが他の大会と違うのは、ハーフマラソン、10キロラン、3キロファミリーラン以外に、車椅子ハーフマラソン、10キロ義足・義手ランもあることである。

会場に近づくにつれトゥクトゥクの行列が進まなくなり、ホテルから20分もあれば着くといわれていたが、ようやく到着したのは5時45分。この時間帯のアンコールワット付近はマラソン関係者だけではなく、アンコールワットの日の出を拝みにくる観光客も多いため道は大混雑していた。私はスタートまで時間がないので、タイキには「なるべく早くゴールするから待っててね」と、レース後に香港に直帰するキミとカートには「レース楽しんでね。明日香港で会おうね」と告げてスタート地点へ向かった。

車椅子ランナーたちがスタートラインにつく

21キロの表示があるところへ並ぼうと歩いていく途中にスタートの合図が聞こえた。時間を間違えたかなと慌てていたら、それは車椅子マラソンのスタートだった。ハーフマラソンの10分前が車椅子ランナーのスタート時間で、大勢の拍手と歓声のなかを一斉に勢いよく車輪が回転しはじめる。大きな拍手で見送ったあと、私も並んでいる人たちの前方の端っこにちょこっと入った。一番後ろにたどり着く前にカウントダウンが始まりそうなほど人が多い。ハーフマラソンの参加者は10キロと同じくらいの人数で約３０００人だという。左側を見ると夜明け間近のアンコールワットの祠堂の形がだんだんと見えてきた。次第に明るくなっていく空の下で神秘性にひたりかけていると、スタートのカウントダウンが聞こえてきた。見惚れていないで走る時間がきた。

スタート直前は真っ暗だったが、太陽が昇って
ちょうどいいコンディションでの走り出しだ

コースは１９９２年にユネスコの世界遺産に登録されたアンコール遺跡公園の中である。９世紀から15世紀までのクメール王国の遺跡が集まり、ハーフマラソンでは14以上のお寺を走りながら見ることができる。スタートとゴールはヒンズー寺院であるアンコールワットの前だ。カンボジアといえばコレというカンボジアを象徴する５つの祠堂が有名である。

気温は23度くらいだから半袖短パンがちょうどいい。少しずつ昇り始めた太陽は、スタートした後ランナーの間に間隔ができてペースを作ろうとしているうちにあっという間に昇っていた。道路は平坦なコンクリートだから走りやすい。

村では小学生くらいの子どもたちが片手を出して並んでいる。ペースを落として、1人ずつの顔を見ながらゆっくりとハイタッチをした。興味津々に瞳を輝かせている子、不思議そうな表情をしている子、何か言いたげな子などいろんな子どもがいる。Uターンをし、遺跡群に入ってはじめて目にするのはプラサット・クラヴァンというレンガ造りの遺跡だ。数人が立ち止まり写真を撮っているのにつられて、斜めのアングルから記念写真を撮った。私の後ろにいたランナーも私につられてか、立ち止まっていた。

しばらく走ると進行方向の前の方で「グッジョッブ」とか「ゴー」などの声援が聞こえ、そのあたりにいるランナーは拍手をしながら走っている。目線を少し低くしてみると車椅子ランナーが汗だくになって進んでいた。体は細身だが腕の血管が浮き上がり筋肉も盛り上がっている。車椅子も21キロのハーフマラソンと同じコースを一緒に走るのだ。追い抜かすのは少し気がひけたが、大きな拍手をしながら「グッジョブ」と声をかけて軽く横を走りすぎた。その選手は必死な顔をしながらも会釈してくれて、その美しい姿にこの大会のキャッチフレーズ「Run Amazing」という言葉はまさにこの人に当てはまると感じた。

2キロおきに設置されている給水ステーションでは大人のボランティアが水をプラスチッ

クのコップに入れたり、ボトルのまま手渡してくれる。ランナーはそれを飲んだり頭にかけたりして、使い終わると沿道に捨てて走り続けるのだ。多くのマラソン大会ではそれをボランティアのスタッフが大会後に一斉に集める。この大会で目に付いたのが、給水ステーションの先に間隔をあけて6~8歳くらいの子どもたちが、大きな白い袋を持ってボトルを拾い集めている姿だった。カンボジアでは街中でも小さな子どもが物を売っている姿を目にするし、レストランでもテラス席のすぐ近くまで来て観光客相手に何かを売ろうとして、ウェイターに追い払われているのを見た。買ってしまうと子どもは使われる一方だから同情して買うのはよくないと聞いたが、何もできないでいる無力な自分が情けない。集めたボトルも、どこかに持っていくとお金に変えてくれるのではないかと想像する。その子どもたちの姿に気が付いたランナーたちは道端に投げ

同じコースを走る車椅子ランナーを眼前にとらえる

捨てられたボトルを集める現地の子どもたち

捨てずに、袋を持っている子どものところに行って手渡してから再び走り始めていた。

ハリウッド映画の撮影場所としても登場したガジュマルの木の幹や根っこが浸食している寺院タ・プロームを通過し、大きなピラミッド型のヒンズー寺院であるタ・ケオも通過する。観光スポットが目白押しで、撮影のために止まってばかりでなかなか進まないが、これが旅ランの楽しみのひとつである。走りながらいろんな遺跡を見ることができるなんて最高の気分だ。後でゆっくり戻ってきたいお寺はしっかりと頭にインプットしておく。シェムリアップ川にかかる橋を渡ると15キロ地点の勝利の門をくぐる。コースの3分の2は過ぎているがここからスピードアップしようという気は一切なく、このランを少しでも長く楽しみたいと思った。

ゆっくりペースで立ち止まることが多いからか、体力や足腰の調子もいたって良好。だが、ゴールでは真剣勝負で走ったタイキが1人で待っているだろうと思うと、そうそうゆっくりしているわけにもいかない。ゴール近くのアンコール・トム内部に位置するバイヨン寺院で岩に彫られた四面仏のほほ笑みを見て穏やかな気持ちになりながら、その後の約2キロはできるだけ速く走ってゴールを目指した。

アンコール遺跡の「勝利の門」。いつまでも飽きないコースだ

思っていたよりも快適にここまで走ることができて、自分でも驚きだった。今年の前半に人生初の全身麻酔の手術をしてから、思うように体が動かなくてイライラしたこともあったが、健康で運動できることの有難さをあらためて感じることができた。術後4か月で参加した10キロレースでは途中で歩いてしまい屈辱感があった。今回は倍の距離だからもし歩いても自分を許そうと寛大に構えていたが、何度も撮影のために立ち止まったのがよかったのかもしれない。最後まで歩くことなく、2時間21分というタイムでスタートと同じ

ゴール付近はとにかく人があふれていた

アーチをくぐりゴールを迎えた。

　次から次へとゴールするランナーでゴール付近は混みあっていた。メダルをいただきタイキの姿を探そうと人をかきわけると、地面にぐったりと座っていた。レースは10キロを55分で走り終えたから7時15分ごろにはゴールにいて、「もう1時間以上も待って疲れたよ」と待ち疲れ状態だった。走っていた時間よりも、その後私を待っている時間の方が長いのだから不機嫌なのも当然だ。同じくらいの時間にキミとカートも終わり、しばらくは私の帰りを一緒に待っていたそうだが、8時になっても戻ってこないから諦めてシャワーを浴びにホテルに戻ったらしい。私はゴールに待ち人がいるのをすっかり忘れて旅ランを満喫していた。申し訳なく思い「ごめんね待たせて。ホテルに帰ったらアイスクリーム2つ買ってあげるから」と言うと「オッケー。グッジョブママ！」とすぐに機嫌がなおる単純な13歳男子であった。

まずはホテルへ戻って今日一日の観光をスタートしようとトゥクトゥクを探した。最初に止めたトゥクトゥクはホテルまで20ドルだという。来るときは5ドルだったのにそんなバカな話があるわけがない。ちなみに、カンボジアには自国の通貨のリエルがあるが、米ドルを使うのが主流だそうだ。ふっかけてくるトゥクトゥクには絶対に乗らないと断り、しばらく探してやっと新たなトゥクトゥクを発見した。値段を聞いてみると10ドルだという。少し悩んだが、「ホテルまで連れて行ってくれた後、私たちがシャワーとごはんを食べるのを待って、アンコール遺跡公園を一日回ってくれるのを15ドルで引き受けてくれるんだったら、ホテルまでの10ドルを払ってもいい」と交渉した。交渉は根気がいるからあまり得意ではなく、一度にまとめてしてしまった方がラクだ。それに今はレース後で疲れている。オッケーとあっさりと聞き入れられ、それならもっとゴネたらよかったのかとも思うが、数ドルの差ならそれでいい。時間をかけて徹底的に交渉して値切るカートとは正反対だ。交渉が成立しトゥクトゥクに乗り込んだ。お行儀は悪いが、向かい席を倒して疲れた足をのせる。ホテルまでの道のりは混んでおらず、汗でべったりした肌に心地よい風があたるちょうどいいスピードで走ってくれた。

トゥクトゥクに揺られてホテルへ向かう

シャワーを浴びてさっぱりし、近くのベーカリーでランチをとった後、スタンバイしてくれているさきほどのトゥクトゥクに乗ってアンコール遺跡群の観光に出かけた。遺跡公園内を見て回るには顔写真つきの一日券をチケット売り場で買う必要がある。アンコール・ワットの中央祠堂に登ったり、アンコール・トムの200以上ある観音菩薩の穏やかな表情を見比べたりした。中学生になり、学校やスポーツが忙しいタイキと2人で過ごすこういう時間もいいものだと、菩薩のほほ笑みに見守られながらしみじみと感じた。

221　【カンボジア】アンコールワット国際ハーフマラソン

おわりに

最後まで読んでいただいた読者の方で、「そうだ、走りに行こう！」と思ってくれる人が一人でも多ければ嬉しい限りだ。この本を執筆するにあたり、過去10年以上分のメモやブログなどをかき集めて、思い出に残っているランを1か国1ランで選んで紹介した。他にもおもしろいランはまだまだあり、機会があればまた紹介してみたい。世の中にはおもしろいランがいっぱいありすぎる。

各章を書きながら、いつも私をサポートしてくれている家族にあらためて感謝した。私が一人でランに参加しているときに子どもの面倒を見てくれる夫、孫とお留守番をしてくれるじいじとばあば、ゴールでひたすら待ち続けてくれる子どもたちなど、家族の理解と協力なしではできなかったことばかり。私が初めてレースに参加した時はまだ歩いてもいなかった子どもたちは、アッという間に背も足の速さも私を追い抜かすティーンエイジャーになった。難しいお年頃だが、これからもできる限りいろんなランを一緒に体験できればといいなと思う。

また、大会の運営に関わるスタッフのみなさんやエイドステーションで生き返りの水をや